华为系列故事

主　编　田　涛　殷志峰

编委会　曹　轶　龚宏斌
　　　　张俊娟

生活・讀書・新知 三联书店

Copyright © 2017 by SDX Joint Publishing Company.
All Right Reserved.
本作品版权由生活·读书·新知三联书店所有。
未经许可，不得翻印。

图书在版编目（CIP）数据

黄沙百战穿金甲 / 田涛，殷志峰主编 . ——北京：生活·读书·新知三联书店，2017.9 （2025.1 重印）
（华为系列故事）

ISBN 978-7-108-06097-6

Ⅰ . ①黄… Ⅱ . ①田… ②殷… Ⅲ . ①通信企业 – 企业管理 – 经验 – 深圳 Ⅳ . ① F632.765.3

中国版本图书馆 CIP 数据核字（2017）第 213804 号

策　　划	知行文化
责任编辑	朱利国　马　翀
装帧设计	陶建胜
责任印制	卢　岳
出版发行	生活·讀書·新知 三联书店 （北京市东城区美术馆东街22号）
网　　址	www.sdxjpc.com
邮　　编	100010
经　　销	新华书店
印　　刷	天津裕同印刷有限公司
版　　次	2017年9月北京第1版 2025年1月北京第11次印刷
开　　本	635毫米×965毫米 1/16　印张 14.5
字　　数	165千字 / 37 幅图
印　　数	351,001-357,000 册
定　　价	46.00元

（印装查询：010-64002715；邮购查询：010-84010542）

蓬生麻中　不扶而直　——『荀子·劝学』

人生攒满了回忆就是幸福　——任正非

目　录

001 / **梅花香自苦寒来（序）** 孟晚舟

009 / **青春梦 非洲结**
作者：隋　龙
初出茅庐担重任　009
"冻结我的钱？不答应！"　011
"Huawei Good！ Regen Good！"　012
海外的"第三类"感情　014
"结"多了就成了网　015

018 / **五星支付工匠**
作者：马姐
两个错误换来 14 年零差错　018
掌管 40 多枚"大印"，每天盖章近 3000 次　020
跨越职责边界，为公司规避近 300 万美元损失　022
每个人都是一个向量，合力是最大的　024

于平凡中见坚韧　025

028　/　步步为"盈"
作者：林　炜

及时把款付出去　028

躲在"后面"的财经　030

从印度开始试点的概算　031

寻找解锁巴西困境的钥匙　033

梳理流程，坚持用好 ERP 和 IFS（集成财经服务）　034

对业务做战略性取舍　036

结语　038

040　/　一亿多美元的财产保卫战
作者：米建思

做扎根 Y 国的一棵树　040

全面打响财产保卫战　041

"捉蝎子时要掀开每一块石头"　042

刺破影子公司面纱　044

最艰难的谈判岁月　046

结语：不是奇迹的奇迹　048

051　/　第二次握手
作者：黄江宁

阿尔及利亚：从简单业务做起　051

印度：和业务共同成长　054

英国：藏龙卧虎的金融中心　056

幸运与遗憾　059

063　/　燕子往"北飞"
作者：钟　燕

差点把自己弄丢了　063

要我就是做赔本买卖吗？ 065
沉下心做"扫雷"专家 066
我不是小青菜，而是小辣椒 067
项目组的"团宠"，成长中的快乐 069

072 / 专业成就价值

作者：Peter O Donoghue　Ben Binnington
　　　Hendrik Cornelis　Richard Needs　Mark Atkins

"我的最高目标是把 FRCC 做没了" 072
从财务核算看华为"五大风险" 074
预防"黑天鹅事件"发生 076
"卡住"税务风险敞口 079
理解文化及人才保留 081

086 / 小丫也能扛大旗

作者：季　慧

我要做个不一样的述职 086
"厚着脸皮"蹭 ST 会议 087
打破多年来的低商务 089
我不怕成为"罪人" 091
这里没有边界 093

097 / 维斯瓦河畔的拥抱

作者：张弛有道

从"零"开始的项目 097
看清各方的"牌面" 098
把我们"绑"在一起 100
"要做波兰第一大！" 101
为客户"挤水""添柴" 102
"奔流入海" 104

107 / 财报何以清如许

作者：蔡志坚

变革之路如何抉择　107

一封"很生气"的邮件　109

利剑出鞘，初露锋芒　110

猛烈炮轰，如何承受？　111

一分耕耘，一分收获　112

前路漫漫，砥砺而行　114

117 / "仪表盘"是怎样炼成的

作者：刘建华

肩负重任，R&A 扬帆启航　117

迷茫中苦寻方向　118

方案设计，抽丝剥茧　119

交付：亮剑　122

上线切换，48 小时鏖战　125

全面开启财经数字化建设　127

129 / 从"一分钱"开始

作者：陈栾平

如何练就一双火眼金睛　129

解开 5000 万美元的"死结"　131

从相隔万里到并肩作战　133

理清账，才能做好"大管家"　134

挖到客户最真实的需求　136

138 / 做最真实的财报

作者：史延丽

五毛钱、一块钱都不能错　138

我要麻雀，你却给了我兔子 140
你们出的财报可信吗？ 141
IBM 顾问手把手教我们"共享" 143
账务的手和业务的手握在了一起 145
"报告每提前一天，价值一个亿" 146
忆往昔峥嵘岁月，望未来任重道远 147

150 / 责任的重量

作者：郑爱珠　陈　雁　文泽菊　徐　爽　陶乃辉

做乱世中的"定海神针" 150
付款无小事，每一分钱都很重要 152
离你最近的 SSE 助手 154
"掘地三尺"，还原一本清楚账 157
"收"回来的真金白银 159

163 / 世界屋脊上的修行

作者：张心蕊

年轻，不缺的是勇气 163
"掘地三尺"清历史 166
做"行走的数据库" 167
全预算中"升级打怪" 169
争分夺秒"抢"回款 171
愿有红尘可洒脱，愿有前程可奔赴 173

178 / 一台"倔强"的推土机

作者：李　真

带着初级装备出茅庐 178
升级成专家 180
一张图让我"火"了 182

"二真曲线"和一本书　184

189 / 一颗芯片连万物

作者：曾　超

人海战术管理方式走进死胡同　189

波澜中建立资产物联大网　191

找、借设备无须再"碰运气"　193

"马拉松式"盘点，几分钟"跑完"　194

"蹭网"，突破资产全球"漫游"　196

200 / 从"雷达"到"第三只眼"

作者：白　熠

风险无处不在　200

走向海外　202

剑指伦敦　204

业务驱动，扎根伦敦　206

不断试错，摸索创新，多业务融合　209

财经的"蓝军"，关注风险的"第三只眼"　210

213 / "拧"出十亿美元

作者：吴小慧

费用预算胶着不前，"拧毛巾"势在必行　213

"拧毛巾"第一招：制定平台组织费用预算"高压线"　215

"拧毛巾"第二招：弹性预算，"拧"转亏损局面　216

"拧毛巾"第三招：管住权签人手中一支笔　217

"拧毛巾"四式：差异化管理各类费用，平衡好短期收益和长期利益　219

结语　221

梅花香自苦寒来

（序）

孟晚舟

十年前，华为财务总是被批评，被任总批评，被业务批评，被客户批评，被员工批评，我们就像无头苍蝇般手忙脚乱，疲于奔命。

十年后，我们还是会被批评。不过，此批评非彼批评，对财务的批评不再是指责，不再是抱怨，是期望，是包容，是等待，是推动，更是鞭策。我们就像树苗般渴望成长，努力成长，不断成长。

昨天，我们知耻而后勇，背负着压力，蹒跚着走出混乱。今天，我们谋定而后动，坚守着信念，努力构筑价值。"雄关漫道真如铁，而今迈步从头越"，感谢田涛老师为我们写下这个注脚，酸的、甜的、苦的、涩的，满满的回忆，真真的感受，就让它们陪着我们再次展翅高飞吧！

我相信，曾经并肩作战的同事，会为此流下热泪；我更相信，还要并肩作战的同事，必将更加意气风发。

打开作业边界

项目是经营管理的基本细胞，唯有扎扎实实地把每个项目管好，企业的整体经营才能保持稳健。我们为每个合同配置了项目财务，他们协助销售经理对客户交易习惯进行分析；协助交付经理展开细致的现场管理；协助账务团队完成准确的会计处理。他们扑在合同上，扑在项目上，跟着交付工程师下站点，跟着客户经理参加谈判，无处不在的努力，矢志不渝的执着，如星星之火般可以燎原。

某项目的 CFO（首席财务官），顶着炎炎烈日深入沙漠站点 120 公里，每月例行稽查站点支付情况，落实站址道路的修建计划，在实践中改进，在改进中实践，仅项目修路成本就降低 350 万美元；驱车至两千米深的大峡谷谷底，与站点工程师、分包商实地考察站址路况及环境，制定"峡谷站点交付成本的降低方案"，虽然仅仅涉及十个站点，但项目财务团队骨子里分毫不让的执拗，得到了业务团队的高度认可。

2016 年，某国汇率大幅波动，未来的经济前景极为不确定，该国项目财务主动请缨参战，从后台走到前台，从内部走到外部，从支撑走到推动：合同谈判前，收集信息、仔细测算，匡算合同整个履约周期内可能的外汇损失；合同谈判时，现场参与汇损分担机制的条款谈判，即便是谈判陷入僵局，仍然有礼有节、尽职尽责地维护着公司的利益；合同签约后，一刻也不松懈地投入到项目经营上，跟踪我司交付计划，跟踪客户付款计划，主动协调两边的工作进展，尽可能地缩短现金流出与流入的时间敞口。

对财经团队来说，履行岗位职责是我们的必修课；没有写在岗位职责中的管理机会点，更是我们实现价值增长的选修课。

我们的目标就是要成为 ICT（信息和通信技术）行业的最佳财务实践者。

打开管理边界

2007 年，内控管理作为 IFS（集成财经服务）变革的子项目，开启了从零起步的变革大门。十年磨一剑，砺得梅花香。今天，内控意识、内控机制、内控能力已浸入到各个业务活动之中，业务在哪儿，内控就在哪儿，以"流程责任"和"组织责任"为基础的全球内控管理体系正在经营管理活动中发挥着独特的价值。

内控推行之初，财经被视为业务的对立面，内控目的似乎就是为了阻止业务快速通过。在混沌和迷茫中，我们渐渐找准了自己的定位，提出"内控价值要体现在经营结果的改善上"。沿着这个目标把内控工作揉细了、掰碎了，一个一个区域地沟通，一个一个组织地讲解，逐个确定本领域、本组织的内控建设目标。有了目标，就要承诺；有了承诺，就要实现。

某代表处内控团队推行的"自动化验收、开票与核销系统"，使得开票时间从 80 分钟缩短至 10 分钟，客户拒票率下降 98%。从内控的角度，流程化作业更规范、更清晰；从经营的角度，债权债务被准确确认，客户回款加速流入。

L 代表处内控团队同样围绕着经营痛点展开作业，他们选择的主攻方向是"客户 PO（订单）自动对接"。项目实施后，当年就减少了 3200 万美元的应收账款差异，减少了 1100 万美元的退货损失。

内控管理在"润物细无声"的过程中，实实在在地带来了经营收益，也渐渐被业务接受、认可。庞大的、复杂的组织在运转时，内控既是润滑剂，又是制动器。改善经营、优化作业，内控是润滑剂；分权制衡、数据透明，内控是制动器。控制不是简单的"卡""阻""守"，控制始终要以终为始地围绕着"多产粮食、增加土壤肥力"为目的。

打开控制边界

二十年前，任总就提出"业务为主导、财务为监督"的十字方针，我们从不理解到有点理解，从不接受到完全认同，逐步沿着这个方向持续构建专业能力。经营的目标不仅仅是"有利润的收入""有现金流的利润"，更要关注经营结果的可持续性。

从2007年开启内控变革至今，我们基本构建了"4×3"的财务风险管理体系，基于三类风险、三角联动、三道防线、三层审结的设计，开展风险管理活动。

我们将经营活动可能面临的风险分为三类：战略风险、运营风险和财务风险。对每类风险所包含的风险事项进行澄清及确认，推动各风险事项的责任人围绕着"识别、评估、应对、监控、报告"展开风险管理的循环作业。目标是将系统性风险爆发的可能性降到最低。

设在伦敦、东京、纽约的财务风险控制中心，以专业视角对财务架构、财务策略、经营活动、调控节奏、压力测试进行独立评估，他们作为财务的"蓝军"组织，在财务的关键领域展开主动性审视，挑战"红军"权威，触发"红军"思考。目标在于管住财经领域的系统性风险及关键风险。

在业务流程中建立起事前、事中、事后的三道控制防线。第一道防线是各级业务主管，他们在作业活动中承担当然的流程责任及管理责任。第二道防线是内控与稽查团队，他们基于不同的方法、不同的角度，支撑业务主管有效承担流程责任。第三道防线是审计组织，通过对"点"的不规律、不定期核查，形成对各个层面、各个领域的威慑。

三层审结，是指独立的CFO体系、中央集权的账务及资金组织所构建起的账实相符和账账相符体系。我们在各管理层级都配置了财务组织，从项目到国家，从平台组织到Business Group（运营中心），基本上，每位主管身后都有一名专职 CFO 在支撑他的工作。第二层审结是在会计核算的过程中实现，账务团队向前管住业务，确保进入核算的业务数据均符合流程及授权的规范性要求，确保每笔账务处理源于业务实质，做到账实相符；资金团队每日完成全球所有银行账户的对账工作，向前守住银行，确保每笔资金流动源于我司的账务处理，做到账账相符。

控制的目的，并不是控制本身，而是"合理授权、有效行权"的制度性保障。通过对"面"的控制，保障企业能够持续稳健地经营；通过对"线"的控制，确保关键风险、系统性风险始终处于极低水平，不爆发企业难以应对的风险；通过对"点"的控制，帮助干部队伍在自我反思、自我改进中更加成熟。

接近炮火的队伍，拥有现场指挥权，敢于行权，积极行权；承担全球管理责任的组织，拥有后台监督权，合理授权，有效控制，这就是我们理想中的控制机制。

打开组织边界

一个组织，必须在开放的耗散结构中，勇敢地开枝散叶，积极地吸收能量，才能获得持续不断的成长动力。

在过去的两年里，我们努力打开组织边界，引入新鲜血液，获取全世界的优秀人才。2014 年 11 月，我们首次尝试在英国举行财经专场招聘会，迈出海外优秀学生获取的第一步。现在，我们的财经团队中，已有数百名来自牛津、剑桥、哈佛、耶鲁的优秀学生，他们正逐渐成为我们的新生力量。在他们身上，我们看到了改变世界、实现组织价值、驱动个人成长的强烈渴望，他们有激情，有冲劲，有方法，有耐心，有极强的学习能力、极宽的思维方式、极广的知识结构，让我们充满了期待，期待他们走得更稳、跑得更快，期待着他们早点绽放耀眼的光芒。

与此同时，我们贴近人才搭组织，贴近人才建能力。

税务规划团队、关联交易团队已经整建制搬迁伦敦，外汇交易和现金资产管理的部分职能也搬迁到伦敦。我们发现，在欧美市场更加容易获取顶尖财务专家，他们有极强的专业经验、极佳的行业影响力、极广的资讯渠道，他们的加入，拉动着我们的专业能力快速走上新台阶，打开一道我们无法触及的思想大门。

能与这些令人尊敬的顶尖专家共事，是我们这些渴望成长的年轻人的最佳非物质激励。

打开思维边界

在一切边界中，最难打破的，就是无形的思维边界。只有打破思维定式的禁锢，积极尝试新方法、新工具；只有突破作业方法的边界，努力尝试新角度、新立场，才能跟上这个瞬息万变的时代。我们很幸运，能够在ICT技术的领先企业中成长，我们有机会、有能力、更有意识用先进武器装备队伍。

在会计核算领域，我们积极尝试自动化、智能化，将标准场景的会计核算工作交由计算机完成。仅员工费用报销事项，我们一年的单据量超过120万单，员工通过网络实现自助报销的同时，计算机根据既定会计核算规则直接生成会计凭证，并驱动银行付款指令生成；支付指令可以在两分钟内传递至全球任一开户银行。计算机同时又承担了每日银行账户的对账工作，自动核对每笔资金流动与会计记录的差异，将可疑交易弹出到人工后台进行再次核查。

我们在全球实施的RFID（射频识别）物联资产管理方案，目前已经覆盖 52 个国家、2382 个场地、14 万件固定资产。RFID 标签贴在固定资产表面，每 5 分钟自动上报一次位置信息，每天更新一次固定资产的使用负荷情况。部署 RFID 后，全球的固定资产盘点从历时数月下降为只需数分钟，每年减少资产盘点、资产巡检的工作量 9000 人 / 天。资产位移信息、资产闲置信息及时更新，使我们在资产管理方面能够有的放矢。

在资金规划领域的四个大数据项目，展现出令人惊讶的创造力，"经营性现金流预测"和"分币种现金流预测"的大数据项目已正式上线应用。基于大数据模型，由计算机进行上万次数据演算和模型迭代，经营性现金流已实现 12 个月定长的滚动预测。从历史数据的拟合度看，最小偏差仅 800 万美元。对于在 170 个国家和地区实现销售、收入规模约 800 亿美元、年度现金结算量约 4000 亿美元的公司来说，800 万美元的现金流滚动预测偏差，已经是极为理想的结果。

税务的全球作战大屏即将部署在伦敦，全球所有子公司的基本信息、纳税遵从情况、贸易路径、子公司滚动预测等，都将集成显示在作战大屏上，这将有助于我们在经营结果不确定、税收实践不确定的客观环境下，构建起一支"招之即来、来之即战、战之即胜"的高效的全球移动作战组织。

打开能力边界

财经团队的每个成长脚印里，都有说不完、数不清的故事，锲而不舍、艰苦奋斗、精益求精的工匠精神，支撑着整个组织前进。

存货账实相符项目的实施，在公司近三十年的经营史上，首次实现了站点存货的可视、可盘点、可管理。站点存货账实一致率，从 2014 年的 76% 提升至 2016 年的 98.62%；全球中心仓的账外物料

8800万美元实现再利用；清理超期存货7500万美元；中心仓和站点存货的货龄结构大幅改善……这一条条、一项项可圈可点的成绩，再次证明了我们是一支"说到必将做到"的团队。2014年，交付、供应、财经组成联合工作组，提出了"三年做到全球存货账实相符"的目标。言必行，行必果，如今，我们兑现了当初的承诺。

账务核算已经实现了全球7×24小时循环结账机制，充分利用共享中心的时差优势，在同一数据平台、同一结账规则、同一系统逻辑下，共享中心接力传递结账工作，极大缩短了结账的实际天数。24小时系统自动滚动调度结账数据，170+系统无缝衔接，每小时处理4000万行数据，共享中心的"日不落"循环结账机制，以最快的速度支撑着130+代表处、各经营组织及时获取经营数据。每月第五个工作日，全球两百多家子公司均能按照本地会计准则、中国会计准则、国际会计准则的要求分别出具财务报告。

传统的财务服务，早已不再是我们孜孜以求的目标。

财经已经融入公司所有业务活动之中。从合同概算到项目回款、从产品规划到市场分析、从出差申请到费用报销、从资产管理到存货管理、从销售融资谈判到融资规划落地、从税务筹划到定价设计……伴随公司的成长，财经组织从"非常落后"走到了"比较落后"，又从"比较落后"走到了"有点先进"。看庭前花开花落，望天空云卷云舒，写不完，说不尽。

田老师主编的这本书，是华为财经十年成长的汇集，是回忆，更是努力；是故事，更是领悟；是对我们的赞许，更是对我们的鞭策。逆水行舟，不进则退，我们必将更加努力、更加奋进、更加开放，让青春的火花，点燃无愧无悔的人生。

青春梦 非洲结

作者：隋 龙

2012年，走出校园的我，拥有了职场第一个标签——华为人。

作为公司区域财经的一名新兵蛋子，从入职之日我就做好了奔赴海外的准备。我渴望在更广阔的天地中建功立业，希望在人生的旅途中留下一份难忘的回忆，梦想用青春热血编织人生的锦绣华章。

在通过南部非洲地区部CFO（首席财务官）的面试后不久，2013年7月26日，伴随着机舱内一阵雷鸣般的掌声，飞机缓缓降落在刚果（布）首都的玛雅国际机"站"，我的"非漂"生活就此拉开序幕。

初出茅庐担重任

来刚果（布）代表处之前，代表处CFO老梁和我沟通岗位细节："你将同时担任办事处项目财务、国家财务及子公司财务三个职位。"我一听，顿觉非洲果然舞台宽广，我这个"初生牛犊"责任重大，恨不得早点到岗大干一场。上班第一天，领到工作名片，一看，上面印着"Huawei Technologies Congo CFO"[华为技术刚果（布）首席财务官]，一股自豪感和责任感油然而生。我默默地告诉自己：虽然现在我还算不上一名标准的CFO，但我一定会在最短的时间内补齐差距，支撑好办事处经营。

　　初到一个陌生的国家，困难肯定少不了，这一点是早有心理准备的。好在同事们都很有耐心，详细地为我讲解办事处的各项实务，工作很快上手。但同时兼任三个岗位，工作繁杂，有时恨不能生出三头六臂来应对。

　　当时正值机关项目财务全面推行PFM（项目经营管理方案），我也风风火火地卷入新方案落地的工作中。除了财务流程自身需要适配的工作外，还要赶在业务例会上，向业务相关部门宣讲公司对项目经营管理的新要求。与此同时，我还要处理办事处平台大大小小的财务问题，大到办事处整体的KPI（关键性能指标）预测、关键项目的经营分析，小到员工差旅费的报销核查、供应商的付款核查等。在不间断处理办事处财务的同时，我还得利用一切碎片时间强化"内功"，自学子公司财务知识，弥补能力短板，支撑子公司的合规运营。

　　就这样边学边干，有很长的一段时间都是"每天睁眼就是上班，闭眼就是下班"。虽然要比熟手们付出更多的努力和时间，但时间不会亏待努力的人，一年下来，我这个"菜鸟"也着实保障了办事处业务的正常运转，并顺利完成办事处重大融资项目的收尾工作，当年还被地区部授予了"业务新锐"的称号。

　　忙碌且充实中度过了在非洲的第一年，其间还第一次经历了在异国他乡的春节。记得国内除夕那天早上起来，我给远在东北的爸妈打电话，听着他们的声音，乡音袅袅，父母情切，一股孤单落寞的感觉涌来，我赶紧挂了电话。也不想被春晚节目煽情落泪，和同事们聚餐的时候，我有意多喝了点酒，晕晕乎乎一觉睡过去，再睁眼的时候已经是国内正月初一的下午了，扛起便携（电脑），加班去！

"冻结我的钱？不答应！"

2014 年的一天，本地出纳从银行给我打来电话，声音透出着急："我们的账户被国库冻结了！"我有点懵了，在此之前，我们从未收到任何官方通知。

我几经周折找到了国库负责人，希望对方给我们一个合理的解释。负责人看我的态度坚决，从抽屉里拿出冻结通知函，解释说："税务局要求冻结华为账户，通知函还没来得及送过去呢。"

刚果（布）地处中非，2008 年华为在当地设立子公司，2013 年实现年销售额近 X 千万美元。自子公司成立以来，当地税务局屡次以各种没有法条支撑的理由向华为开出罚单，几年下来罚单总额累计高达 X 百万美元。针对这部分历史税案，我们遵照当地法律，已经缴纳了押金，同税务局进入了理论抗辩阶段。根据当地法律规定，在税案没有结论之前，税务局无权冻结企业账户。

事不宜迟，我赶紧打电话给公司税务顾问，分析对策。简单沟通后，我们达成共识，首要任务是确保资金安全，同时要尽快解冻账户，保障子公司的正常运营。鉴于此，我和税务经理立即撰写了四封正式信函。其中一封发给国库，说明当前税案进展，不同意其转移资金的行为；一封发给税务局，要求其解冻账户。信函发出去之后的第二天，我们收到国库的反馈，答应不会转移资金。钱算是暂时保住了。但发给税务局的信函却迟迟得不到回应，给税务局负责人打电话也总是处于无人接听状态，而子公司已经积压了多笔待付款，其中包括员工的工资。

"冻结我的钱？我不答应！"情急之下，我决定到税务局"堵人"。

那天一早，天下着大雨，我抱着一本可以支撑我们观点的厚厚的当地税法书,带着税务经理直奔税务局。接待人员听说我们来自华为,告知我们,负责人在开会,没时间见面,也不同意我们在办公室等待。我"赖"在门口不走,他们很快叫来两个保安把我们"请"到院子里,催促我们赶紧离开。我们还是不走,暴雨如注,我们就在院子里撑着伞继续等。从早上 9 点一直等到夜里 8 点多,终于见到了负责人。原以为终于等来了救星,正打算开口,就被他的贴身警卫"请"出了税务局的大院。

我们完全没有机会抗辩,无奈之下只能升级问题求助,通过摸清当地税务局的部门架构及职能,以及税务局和国库联合运作的规则,加上详细的专业抗辩,他们最终同意解冻账户,并为后续税案的关闭探明了道路。

"Huawei Good! Regen Good!"

账户"冻结"危机结束后,经过多轮交涉,我们的税案终于得到当地政府的关注,当地财政部专门委派税务局法庭庭长主持华为历史税案的审理工作。代表处也紧急成立了刚果(布)历史税案关闭小组,我们还从地区部和机关呼唤了智囊团作为我们的炮火支援。

研讨前期阶段,以庭长为核心的税案审理组的态度比较强硬,很多时候沟通起来毫无回旋余地。税案审理组不是很了解华为复杂的业务场景,经常对一个简单的业务场景提出诸多疑问,每次我们都要进行详细的解释和说明。比如像基站、备件、管理服务等这类专业名词,即使花了很多时间来说明,对方还是不太了解。这样磕磕绊绊下来,几个月的时间过去了,税案还是没有实质性进展。我很着急,这样下去可不行,有什么更简单明了的方法能让审理组看懂华为的业务呢？口头和文字描述总是比较枯燥抽象，如果他们可以实地看看华为有哪些业务场景，如何开展业务，理解起来会不会更容易？我向代表处领导提出这一想法后得到了支持。

2015年7月，税案审理组来到华为深圳坂田基地，经过几天的调研，税案审理组对华为有了更清晰的认识。调研结束后，庭长一改往日的"冷酷"，有些激动地拉着我手说："Huawei Good！ Regen（我的英文名）Good！"

回到刚果（布）后，随着审理组对业务场景的逐渐熟悉，机关专家团也给予了有力支撑，税案的审理过程逐渐通畅。一个月后，税案取得了突破性进展，成功关闭刚果（布）九个历史税案中的六个，将税务的风险敞口从当初的X百万美元降至15万美元。

"耶，拿到啦！"拿到关闭函的那一刻，我激动得大声喊了出来，第一时间冲到办事处主任老李的座位处，告诉了他这一好消息。"好样的！晚上庆祝一下，多喝一点。"老李习惯性地竖起大拇指说道。和小伙伴们彼此举杯庆祝间，回想过去的两年，曾经无数个梳理税案细节的夜晚，无数场针对税案的辩论，无数次与客户的沟通，一幕幕浮现在眼前，一切的一切都是值得的。

2015年末，由于工作调动，我来到了南非，承担地区部项目财务平台工作，主要负责项目"四算"（概算、预算、核算、决算）标准动作管理及流程内控。从办事处到地区部，接触的层面不一样了，看项目的视角不同了，我对项目财务工作也有了新的认识。

以前并不是很了解"标准动作"背后的含义，深入学习下来，发现其实所有的指标管理都是在帮助一线识别异常项目和问题，作为一线CFO，要更多关注问题项目，找出根因，输出可行的策略，并最终解决问题。最初半年，我如饥似渴地理解着地区部的业务，努力引导所有的项目有序运行,让项目更通畅。

海外的"第三类"感情

　　华为三年,除了收获工作经验和人生经历,更重要的是结识了一群朋友。说到朋友,我们通常会把两种情谊视作经典:一是同窗情,一是战友情。在海外,我觉得还要再加一种"情"——外派情,特别是在刚果(布)这种吃、住、工作都在一起的区域,同事之间的感情更加真挚淳朴。这不仅仅是靠时间的积累,更是靠一次次同甘共苦的经历"浸泡"出来的。

　　印象最深的是2014年年末的一天上午,大家像往常一样在办公室忙碌。突然有个靠窗的同事发现,街道上几乎所有人都向出城的方向狂奔,紧接着一辆辆满载士兵的装甲车向总统府方向疾驰,看起来很不寻常。很快我们得知当地发生了内乱。接着,爆炸声开始从远处传来,越来越近。第一次经历这种事,大家都有些紧张。我们快速聚集到一间远离窗口的小办公室内,躲避流弹,也等待冲突的平息。大家互相安慰着,有同事还开起玩笑,缓解大家不安的情绪。

　　等到下午,爆炸声越来越密集,毫无停止的迹象,办事处经过充分的沟通和准备,决定将大家转移到远离城区的安全区域。一开始大家在车上都默不作声,车里安静得有点压抑。突然炮声响起,吓得物流经理一个哆嗦,旁边的产品经理见状,赶紧讲起了他最擅长的冷笑话。大家在笑声中也没那么紧张了。还有人说,我们现在体验的是战火纷飞的感觉,以后大家就是在一起经历生死的兄弟了。

　　除了这种危及人身安全的非常时刻,平常在工作和生活上遇到困难了,也是身边的这群兄弟互相照顾。记得一次凌晨我突然发烧,手边也没有退烧药,我便随口在微信群里问了一下谁有药,十多分钟后,产品经理小林气喘吁吁地敲开我的宿舍门,递过刚从药店买来的退烧药,第二天早晨还特意送来了早餐。

就是这样一个个温暖人心的瞬间,交错着铸就了彼此间沉甸甸的情谊,像老树的树根一样,牢牢地将一群人的心系在一起。

"结"多了就成了网

经常有人问我在非洲苦吗?我通常反问:"你说说什么是甜呢?"跟第一批来非洲的老领导聊天,他们说起当时的生活,我觉得那才真是苦。而随着公司逐年加大对艰苦区域小环境改善的力度,确保大家在海外有一个比较好的工作和生活环境,我们的日子并不

本文作者

算"苦"。

我初到刚果（布）的时候，当地疟疾还比较严重，每到冲刺阶段，兄弟们熬夜多，难免会"中招"。集中处理税案的那一年，我连续患了三次疟疾，兄弟们还给我起了个外号叫"拼命三郎"。虽然生病的时候也挺难熬，但熬过去，看着通过自己的努力，问题得到解决，业务得到保障，说实话心里还是甜甜的。

苦与甜，更多的是我们内在的一种感知。我见过没鞋穿但脸上挂着最美笑容的非洲孩童，也见过挥金如土却感叹生活无聊的富翁。什么是甜？或许在你不知道什么是苦之前，永远都不会知道什么是甜，也不会去珍惜自己拥有的"甜"。感谢公司给我经历这些事情的机会，也感谢努力扛下这些"苦"的自己。如果再选一次，我还是会来非洲，在非洲不苦。

任总说过，人生要时常给自己打个结，结多了也就成了网。感谢在非洲遇到的每一个"结"。青春梦，非洲结，期待下一个"结"会更精彩！

（文字编辑：肖晓峰）

部分网友回复——

h00196482：
非洲的小伙伴们真的是太不容易了。非洲国家的账户冻结时有发生，没想到解冻的背后还有这么多故事。

小哥帅气：
越是艰苦的环境，越能让人成长。

F1 骑行：
感谢公司给我经历这些事情的机会，也感谢努力扛下这些"苦"的自己。

x00413478：
有句话在去过非洲的人当中流传甚广：没去非洲怕非洲，去了非洲爱非洲，离开非洲想非洲。这份爱和想念大概有很大一部分来自于"外派情"吧。

00190128：
我也跟你一样，没有后悔，如果再选一次，我还是会来非洲。

肯定心动：
有颜值、有梦想、有担当、有付出的"四有"青年。

五星支付工匠

——14年零差错

作者：马姐

1999年，硕士研究生毕业的我入职华为，成为华为财经体系支付岗位上的一名员工。

从最初的"小马"，到现在新员工口中的"马老师""马姐"；从最初的支付会计到现在的资金支付最后一道审核权签人，近20年来，我几乎每天都在和支付单据打交道，小到几元钱，大到数亿元，已累计处理105万笔，连续14年支付零差错。

在2019年公司财经体系第四届"支付工匠"评选中，我有幸被评为唯一一名"五星支付工匠"。这是对我工作的最高褒奖和最大激励。不止一个人问过我，你怎么做到的？俗话说人非圣贤，孰能无过，我的14年零差错，其实是从两个重大的差错开始的……

两个错误换来14年零差错

我的第一个岗位是出纳，也就是现在的支付会计。当时我是部门为数不多的硕士，意气风发，觉得这个岗位没有什么技术含量，做出纳有点大材小用，心有不甘。没想到，一个月之内，我却接连出了两次重大差错，被狠狠打脸。

也就是这两次差错，深深地影响了我的职业生涯，即便这么多年过去，依然刻骨铭心。

当时有两个供应商的名字很像，就差一两个字，我在审核的时候没太在意，把两个公司合并在一起付了款，约1000美元。

没几天，又有一笔供应商付款。本应扣除预付款后再支付，但是我又一次没在意，没有扣除预付款，直接全额支付了，约2000美元。

在部门月度核查银行对账单时，我的这两个重大差错被发现了。当部门主管严肃地告知我时，我整个人都懵了。部门主管并没有责怪我，而是耐心地和我分析造成错误的根因，并对我"灵魂拷问"："你有没有问过自己，想不想做这个岗位呢？"

这一问点醒了迷茫中的我。我意识到是自己的心态问题：眼高手低，比较浮躁，只是把工作当作任务来匆匆完成，而不是作为自己事业的起点来用心追求，所以犯了本不该犯的错误。我自责又内疚："这个都做不了，还想啥呢？先把简单的事做好吧！"我不想带着过错离开，也非常感谢部门主管的宽容，给了我改进的机会，错付的这两笔钱后来我们也很快找供应商要回来了。

从此以后，我时时告诫自己：手头的一件小事都做不好，要做好其他的只会更难。

不管多么紧急的情况，也不管自己对付款操作步骤和审核点已经多么烂熟于心，每次支付前，我都会先在付款凭证中圈出需核对的收付款关键信息，填写票据后再逐项仔细检查一遍；同时提醒自己，这是钱，不是算术题，要平心静气，不要忙中出错，要在过程中确保每一个审核点审核到位，而不是"亡羊补牢"。在我看来，只要足够细心、专心、耐心，确保每一笔支付准确及时，数百笔、数万笔的支付就不会有错误。

完成付款的闲暇，我会把付款要用到的合同、报关单、进账单、汇出汇款申请书等资料整理好，避免遇到紧急付款时手忙脚乱。

时间似乎就在每天与数据打交道中匆匆而过，我再也没有出过一次差错。在支付会计岗位工作6年后，2006年我被外派到阿根廷共享中心做出纳，后又做过薪酬核算、主管会计。直到2011年，领导问我愿不愿意做银行账户权签人，这是资金流出公司的最后一道闸。

华为在全球100多个国家和地区都有业务，一天有上万笔、上亿美元的付款，大到供应商、客户数亿的票据，小到你在园区午间散步时看到的新入池的金鱼、办公区添置的每一个盆栽、公共打印区放置的每一个长尾夹，都要经过银行账户权签审核权签后才能实现。

我很清楚，这是一个绝对不能出错的岗位。若是稍有差池，公司白花花的银子就溜走了，实在是责任重大。我能胜任吗？

过去的5年，我曾经尝试挑战过管理岗位，但最后发现自己更擅长和数据打交道，而且多年的支付会计工作，早就磨砺出严谨细致的做事风格。做银行账户权签人，我心里是有底的。我想，既然公司信任我，那我不仅要做，还要做到最好！

掌管40多枚"大印"，每天盖章近3000次

银行账户权签岗位有一个很重要的责任就是，对付款业务盖章授权。手握财务章，如握虎符，如果授权有差错，那么造成的损失不可估量。

但当我打开两大盒40多个财务专用印章时，我顿时傻了眼。40多枚印章分别对应国内不同的子公司，颜色不一，材质不同，形状各异，有牛角、铜质、光敏、红胶、回墨的，也有圆形、椭圆、方形的，还有带外壳的、不带外壳的……比如深圳的是圆形的牛角印章，成都的是方形的原子印章。我要熟练记住每一个印章的位置和标签，才能

在每天面对近千笔票据盖章时，快速而准确地找到那枚需要的印章。

印章怎么盖也是一个问题，而答案只有一个：不知道！当时财务章由几名财务经理兼职分工保管，我做银行账户权签人后他们就把财务章交由我专职保管，没有一名财务经理知道所有的印章怎么盖。没有师傅领进门，修行只能靠个人了。于是我上网去查阅相关资料，发现盖章看上去很简单，其实大有讲究。比如不同材质的印章要用不同的印油，传统印泥、光敏印油、翻斗印专用墨水等；不同印章加印油的方式也不同，有每次盖印直接用印章蘸印泥的，有把后盖打开滴入印油的，有把印章倒立直接加印油的……网上还有温馨提示：切不可混用印油，否则会导致印章报废！

翻看了数天资料后，我满怀信心地拿来一张废纸试验，准备见证一个美丽图案的诞生。当手起章落后，我发现因为没找到盖章的着力点，不是这个印油太模糊，就是那个印油太少，不是桌子太硬打滑了，就是加了垫子太软变形了……尝试了一晚上，坐着盖、站着盖、弯腰盖、左手盖、右手盖、双手盖，用杂志垫着盖、用日历垫着盖……后来终于发现一个完美的盖章方法：垫着鼠标垫盖。这样练习一个多礼拜后，我自己还总结出一个盖章流程的"标准广播体操"：小小印章右手握，手掌找好着力点，左手紧紧按右手，用力向下使劲压，心中默念1、2、3。

但实践中发现，各类票据的盖章要求不尽相同，门道甚多。如银票盖章，要做到"六个不能"：不能压线、不能压其他印章或签字、不能倾斜、不能模糊不清、不能用错印章、不能漏骑缝。我把这些要求默默记在心间，然后行云流水般做完"标准广播体操"，一枚枚完美的印记就盖好了！

我开始爱上了这些美丽的印章，它们比高原的落日、湖面的清风、林间的鸟鸣还要沁人心脾。不夸张地说，我甚至看到了世界人民在打电话时的幸福微笑。

盖章不仅是个技术活，还是个体力活，更考验人的意志力和反应力。还记得在银企直连系统大规模上线之前，付款高峰时期，我每天要盖章两三千个，如果按每天工作 8 小时，保守按 2000 个来算，基本每 15 秒钟要盖一个章。

看着堆成小山的凭证，我先深呼一口气，理顺盖章单据的顺序，一般是按业务的优先级别来排序，先处理销售前端需提供的华为收款银行信息确认函等盖章需求，接着处理调拨、资金交易单据等银行有明确截止时间的资金业务，然后处理常规付款业务。银票盖章是技术活，且量最大，要放在最后压轴。盖完章之后，我都会再复核一次，确保盖章无差错。久而久之，盖章都形成了我的"肌肉记忆"。

集中付款日的时候，我通常会从早几乎一刻不停忙到晚，八九点回家吃晚饭时胳膊还抖得厉害，手腕痛得都端不起饭碗，只好默默地告诉自己："嗯，以后要练练俯卧撑了。"

跨越职责边界，为公司规避近300万美元损失

常有人好奇地问我，14 年都不出错，是不是因为心思缜密？

恰恰相反，其实我为人比较随性，但既然在其位，就必须严格要求自己。权签时，我要审核所签署的材料是给公司带来收益还是损失，是否已经按公司流程完成审批和入账，银行账户权签人是否有权签署该类业务单据，审核点必须逐条核对清楚，权签动作不能出任何差错。只有长期坚守高度的职业敏感、遵从严格的流程和确保工作的高质量，才能确保资金的安全。

高度的职业敏感需要有扎实的会计基础，必须非常熟悉各会计模块，基于账务数据能对业务资料数据的准确性进行判断，敢于坚

持原则。记得 2016 年时，某业务部门申报奖项需要盖章，在印章电子流中业务部门主管已经审批，电子流到了我这里，我发现某一项的产品销售额数据没有来源，于是刨根问底，不停追问，最终发现销售额被夸大了一倍，于是驳回了该需求。之后，我优化了财务章的操作规范，要求业务部门提交的相关财务数据需经财务接口人审核。

这些年来，我发现和主动识别前端问题总计 4.79 亿美元，也拦截了数次不合理和错误申报数据的用印需求。

其次是遵从严格的流程。我好奇心比较强，对流程的前因后果都要查清楚。一张单据，我经常会去探寻别人可能认为无价值的东西，不会"见山是山"，局限于一就是一、二就是二；看多了之后，往往就更容易发现一些问题。比如收款人的开户银行，会计系统里是这个银行，惯性思维会认为，那就应该是这个银行去收款。而错误往往就隐藏在习惯之中，比如一位员工的工资收款账户填写的是中国人民银行，这明显是不可能的。

在流程上即使责任不属于我，我也会去追溯。从职责要求上看，前面的流程只要是合规的，到了权签人这里就应该付款。但是作为付款的最后一级审核权签人来说，其经验范围、职业敏感度非常重要。在我看来，责任是无边界的。我会在严格遵从流程的基础上，再从常规合理性上去看究竟该不该付款，去排除前面没有发现的"地雷"或隐患。

2013 年的一天，我被告知有一笔子公司的大额付款，支付前端很着急，因为银行快下班了。流程上没有任何问题，但是我对大额付款子公司的清单却是熟记于心，这个子公司一般没有对供应商的大额付款。于是，我主动追溯核查原始凭证，一核查，果然查出了问题。这张待支付发票的日期异常，发票日期是两年前的，这笔近 300 万美元的单据，其实是历史遗留问题，因为供应商与公司有经济纠纷，是应该被冻结的付款。

发现问题的过程其实很简单，但是如果没有十多年历练出的敏锐的直觉，看似简单的工作也许难以做到零差错。

每个人都是一个向量，合力是最大的

做到零差错，并不仅仅归功于我个人，更多的是整个支付团队的智慧，以及公司财经变革使然。

作为一名老财经人，我见证了华为财经近 20 年的变革。1999 年，支付中心只有十几个人，主要集中在集团业务，财经 ERP 系统和手工票据并行。每到月末、年末，工作量非常大，面前四五个筐，每个筐里都装满四五十厘米厚的单据，我时常会感觉自己就像被淹没在票据之中，心里有时也会烦闷，但是职责所在，随着时间的积淀，焦躁日渐蜕变为内心的平实。

而公司财经也在不断变革，通过建立标准统一的流程，逐步走向自动化、信息化，以有效的系统来支持这些流程，并利用工具和技术精简流程，以保证数据的准确。更多的"先进武器"进入支付的日常作业中，2007 年以前，支付业务还是单笔手工填写票据，银行账户权签人审核后在票据原件上签字，再由送票员送票据实物到银行，支付效率 20 笔 / 人天；从 2008 年开始，电子银行付款业务上线，支付指令可批量上传，银行账户权签人网银授权后，付款指令到达银行，效率提升至 200 笔 / 人天；自 2012 年开始，公司 ERP 支付指令直通各开户银行，支付流程简化，支付效率提升至 5000 笔 / 人天；自 2016 年至今，支付策略中心上线，各类支付规则内嵌系统上线，系统和人工双重保障支付安全，支付差错率由 2013 年的 0.00651% 降到 2018 年的支付零差错。

随着业务不断变化，对支付来说不仅仅是工作量的增加，各网银平台的操作页面、截止时间、结算规则各不相同，部分新增平台语言是英语之外的当地语言，需要逐个进行页面翻译……这些都给支付工作带来一些风险，稍不留神就会出错，操作时必须得小心再小心。

尤其是过去要求"不付错"，即收、付款人关键信息点核对准确就不会付错，但现在是要确保"付成功"！除了关键信息，每一笔付款相关的信息都要准确无误，比如手续费、付款的目的、收款人地址等字段都要核对，还有一些全球各大区域或国家有自己的特殊字段，每一个审核点都不得有误。

好在全球支付中心整个团队百余人勠力同心，分工合作，每天一次公司系统待支付数据检查、网银系统待处理及异常数据统检，不管工作到多晚，每人都确保当天所有待处理事项及时闭环。各网银平台的特殊审核点也第一时间更新在我们共同总结的操作指导"红宝书"里，每周一次例行学习刷新操作指导，共同努力来保证付款的高质量。

我被评选为"五星支付工匠"，始终觉得"心里有愧"。每天逐字核对收付款信息，逐条核对是否遵从流程，这些都是职责所在，并没有多了不起。团队的每一个人都是这样做的。大到流程优化、系统上线，小到汇款附言填写、发票明确备注，每个人都全心专注于流程和细节，经常推敲、思考、讨论、分享，并在实践中不断改进，在孜孜不倦中追求付款质量的极致。

每个人都是一个向量，有大小、方向之别，但合力是最大的，正是有这种集体的工匠精神氛围，才保证了付款的安全高效。

于平凡中见坚韧

做了这么多年银行账户权签人，曾有本地权签的同事问我，你真的不烦吗？

其实，这份工作并非一成不变。公司在全球很多区域性银行或国家银行有开户，银行账户权签人需不断了解各个国家的结算规则、审核要求的同时，公司系统也在不断变化，也许这些变化很细小，但任何一个微小之变，甚至是一个字段的增加、一个小数点之差、一个授权按钮的左右之分……稍有疏忽都可能带来资金安全风险。

如今，面对每一笔付款，我仍然会依据权签业务审核点清单逐条核对，不会缺省任何一条，离开座位或下班前也会检查桌面，确保网银卡已经放置在保密柜里；班车上会仔细回想哪一点没做，赶紧给仍在岗的同事打电话确认；晚上准备睡觉了还会检查下手机信息，担心是否有紧急业务漏接听电话……简直是强迫症患者，但我想更多的可能源于我对这份职责的一份敬畏吧。

回想过往二十载，总计已经处理了数百万笔的付款，每笔付款都安全、及时付出，每笔付款都从数字变成了通信塔、光纤……公司"构建万物互联的智能世界"的大愿景，自己也有一份小贡献，自豪感油然而生。

而华为也给予了我很多，无论是待遇还是荣誉，或者说，能在华为工作，是我的一份幸运。人到中年，早知己之所长所爱，我知道自己做的事很普通，但内心笃定的是，做了就要做好。如果能够十几年如一日坚持做好分内事，我想这不仅是对公司、对社会的一个交代，也是对自己内心的一种慰藉。

唯有匠心，不负光阴。

（文字编辑：肖晓峰）

部分网友回复——

x00226425：
十二年无差错，听起来很简单，但只有真正实践的时候才知道有多难。没有丰富的业务经验，没有高度的责任感，没有十二年如一日的坚持，是无法实现的。这也恰恰是我们最缺乏和最值得学习的一种精神，不浮躁，沉下心来把一件件小事做好了，所谓的大事才可能取得成功！

风过后的落寞：
都是平凡工作中的点点滴滴，也许当时感觉不到什么，待到你偶然间回头一看，其实已经比大多数人领先很远了。唯有匠心，不负光阴！

小楼东风：
天下难事，必做于易。天下大事，必做于细。

Maru：
犯错是成长的必由之路，只有教训才记得深刻，也只有试过错才能坚定什么是对的。

默默的声音：
平实、普通的描述，日常、例行的工作，一碗面、一锅饭，所谓"匠人"恐怕就是日复一日用时间累积技艺，乃至在某一方面臻于极致，别人怎么看不重要。赞！！！

诸象源道：
每个岗位都磨好自己的豆腐，组合起来就是强大的公司！

步步为"盈"

作者：林 炜

几天前，我在家整理书橱，一张照片翩然掉到地上，我捡起一看，是自己2006年初刚入职华为时、在百草园拍的大合照。看着照片，我不禁感慨"岁月真是一把刀"，一晃十年，多少故事在心头……

及时把款付出去

我到华为后的第一个岗位是海外应收会计，接口拉美地区部，主要工作是记账、和客户对账、解决与客户对账时发现的异常问题、做应收账款的核销等。

当时，公司正在推行ERP（企业资源计划），很自然地，我被派往委内瑞拉出差。没多久，阿根廷共享中心也开始筹建，需要做共享业务切换，所以，两个项目我都参与，忙得不亦乐乎。过了不久，公司决定让我留在委内瑞拉代表处，作为AR（应收账款）专员，不久又接手预算和项目财务等其他岗位的工作。

记得当时的委内瑞拉代表处代表跟我讲，"你的首要任务就是及时把款付出去"。委内瑞拉的业务发展非常快，有很多Turnkey（交钥匙）项目，有很多合作方，如果付款出了问题，合作方有意见，就可能造成项目延误。同时，我们也负责代表处"民生"方面的付款,如果这部分延误,可能会造成断电、断水,大家没饭吃、没房住,那问题就大了。因此,我当时头脑中就是"付款、付款、付款"。万一出现支付延迟或者其他问题,就得去回溯问题出在哪里:到底是一线传递单据、审核有问题,还是入账的时候有问题。通过举一反三,把付款流程打通,才能把问题处理好。还好,一年多下来,付款基本没有出现问题。

  2007年,我被任命为委内瑞拉代表处的财务经理。说实话,当时公司财经人员更多的是扮演会计的角色:对账、记账、开票、付款、月度合并报告。那时候的财经报告体系还比较薄弱,ERP还未覆盖全球,看不到数据明细,无法向下探取数据,更不用说月度经营分析和滚动预测等现在看似非常例行的经营管理规范了。财务经理更

2007年委内瑞拉财经团队欢庆圣诞

多的关注点还在基础的账务处理上，能及时把钱付出去，能尽快把钱要回来、月度能把关联往来对平、及时出报告等。在委内瑞拉则有一个特殊的事项需要关注，那就是外汇管制，及时申请 CADIVI（外汇管理局）支撑美元汇回，这几乎成了我们关注的全部。

躲在"后面"的财经

2008 年初的一天，我当时正在国内休假，突然接到时任财经管理部领导方惟一的电话，让我去深圳和他面谈。

"我想派你去印度，家里能不能搞定？"一见面方总就这样问我。

"没有问题。"我想了想回答道。

就这样我来到了印度，担任印度代表处的财经管理部部长助理。

印度是一个大市场，2008 年华为在印度发展也很好。我刚到印度，公司拿下了 A 项目，是一个 Turnkey（交钥匙工程）项目，有一万多个站点。没多久，华为又拿下另一个项目。两个项目加起来，总共需要交付两万多个站点。

项目拿到了，大家却开始发愁起来：如何确保这两个庞大的 Turnkey 项目，在满足客户需求、保证交付质量的前提下，控制好自己的成本？坦率地说，当年的财经还在流程的末端，在投标拿项目时，没有深度卷入业务，无法对整个项目所有成本，特别是交付成本进行测算，因此对于如何控制成本无法给出答案。

这两个项目至今让我印象深刻，因为过程实在太辛苦。我现在回想起来，眼前还是会议室里各个产品线的同事们拍桌子、互不相让的争论画面："我这部分真的不能再降了啊！""网络这边也是！"每天晚上会议室里气氛热烈，来自无线、网络、能源等部门的十几号人围坐在一起，为了最合理的 BOQ（配置清单）方案，大家各种 PK，然后通宵达旦研究出最合理的方案。

亚太区的交付副总裁王旭东是项目 PD（项目组长）。那段时间我在吸烟室里见到他的频率明显比以前多了，抽完一根烟，他用手大力地抹抹脸，回办公室继续研究 BOQ 方案。那段日子，大家白天研究铜、铁的价格，测算国际市场大宗产品的价格能不能降下来，晚上通宵开会，各个产品线 PK，得出方案后与客户谈，看看能不能在配置上再进行修改。

经过几轮的开会、决策、再开会、再决策的过程，我们最终拿出了一套 BOQ 方案，把这个项目定了下来。其实对于这个项目，我们到底能赚多少或亏多少，大家心里根本没有底。但当时判断这个项目对于华为在印度市场的地位有着重要意义，我们决定还是要做。

从印度开始试点的概算

项目确实是亏了，但也给我们提供了一个很好的契机。我们领悟到，财经应该从后端走向前端。因为很多项目我们是被动核算，在拿项目的时候根本不知道到底赚不赚钱。因此我开始思考，要不要做概算？

意识到这个问题，我去找产品副总裁何博，和他讲了我的想法，他当场表示同意。于是从印度开始，我们尝试第一次做项目的全成本概算。我带领着财经团队，开始进入一个新的工作状态。我们以后都要对项目进行概算，这样我们就必须有一套自己的"方法论"，包括如何建立项目成本的基线、如何测算等。在接下来大大小小的项目里，我们开始尝试用概算进行成本计算,就这样开始了一步步摸索和实践。

几个项目下来以后,大家都对这个方法很认可。在准备投标的时候,代表处会让财经的同事一起参加会议,让我们在基于概算的前提下,联系定价中心确定成本是多少,然后再发给代表。

经过几次成功的实践,概算工作逐步在印度代表处实现了常规化。

接着,公司就开始讨论要不要把项目概算在全公司推广。有一次我回深圳,方惟一问我:"项目概算到底能不能做?应不应该由财经来做?"这一下把我问住了,我思考了几秒,迎着他的目光坚定地告诉他:"一定要推行,因为对公司肯定是有价值的!"

经过印度几个项目的磨炼,我慢慢理解了如何做经营管理,如

2011年9月离别印度时与送行的"战友"们合影(前排左七为作者)

何走向业务流程的前端，从经营的角度看项目管理，让财务为项目盈利服务。后来在印度期间，我还去了 CFO（首席财务官）班当助教，还把我在印度经营管理的案例写入了教材。

寻找解锁巴西困境的钥匙

2011 年 9 月，公司任命我担任南美南地区部 CFO，当时巴西市场是我工作的重心。其实从 1998 年进入巴西市场之后，华为在当地发展业务 13 年，但利润方面从来没有"转正"。我还记得领导在临行前拍着我的肩膀说："巴西一定要盈利啊！"

巴西国内市场复杂，最典型的就是税制方面的规定，分为联邦、州、市三级税制，还有各种工业附加税等，在交易的履行层面限制非常多。这个国家还"以票控税"，电子化程度非常高：我们开的每一张发票都要上报到税务局的系统中去。

在如此复杂的环境下，华为进入巴西市场之后，一开始是"野蛮生长"。这是在没有一个完整的运营支撑能力情况下进行的大规模市场扩张，因此也产生了很高的错误成本。比如我们的运营能力很弱，如果客户需要 10 个站，我们的交付策略是发 12 个站的设备和物料过去，打散后再去装，反正只要能满足交付的 10 个站使用就可以了，最后形成烂账存货，也造成我们票账无法一一核对。巴西当年的仓库美其名曰"非常 6+1"，在最后的仓库搬迁清理过程中，往国内运回了 164 个货柜，里面都是无法核对的各种设备和物料，因为根本不知道是属于哪个项目的、是哪个合同完成后剩下的。

刚到巴西的日子，我的内心很焦灼。当时大家常用"好山好水好辛苦"和"夜总会"来形容巴西，巴西风光美好，但是业务的确艰难；由于时差的关系，为了和国内连线，我们经常凌晨两三点还在开会。我理解巴西市场的艰难，花了整整两个月研究巴西为什么是这样子，我们到底要怎么做才能扭转这个局面。当时南美南地区部的管理团队多次进行务虚研讨，一直在寻找一把"钥匙"，实现盈利。在不断的摸索中，我们终于发现了那一丝曙光，下定决心在端到端综合运营能力上形成自己的核心竞争力：整个流程需要梳理打通，提高集成计划的能力，包括能不能以客户需求和PO（订单）去对接；有没有能力去运营"10万+"的PO，再加上十几万张的发票，保证准确、高效；能不能保证自己精细化的项目经营管理。

梳理流程，坚持用好ERP和IFS（集成财经服务）

虽然此时我的身份是CFO，但职责发生了很大的变化。之前我更多聚焦在会计、经营管理到业务BP（商业计划），到了巴西我发现需要"转身"。当时成立了"巴西联合变革项目组"，地区部总裁亲自主导变革，后来委托我担任组长，再后来我又担任南美南地区部流程质量运营管理委员会主任。法务、IT也向我汇报，我管理的事务已经不局限在财务方面，真切感受到财经角色发生了进一步的变化：从一个"伙伴"，变为协助总裁做整个内部体系的管理，更像兼了一个COO（首席运营官）/CIO（首席信息官）。

巴西市场长期无法盈利，流程系统没有打通是很重要的一个原因。为了理顺疏通，我把各个部门都拉到一起，每周五上午用半天时间开会研究整个巴西的变革，从各方面进行提升，包括从PO到开票，提高整个流程的能力。我的办公室一面墙都贴着OTC（机会点到回款）端到端的流程图，每天我都对着流程图研究如何理顺。

当时巴西一年十几万张发票，最高峰时，我们有两百多个人负责开票，但错误率相当高。错票会造成客户退票、多交税等不利情况，如何提升开票的准确率和效率成为我们急需解决的问题。

早在 2011 年 4 月，巴西代表处已经上线 ERP 了，但因为之前的市场情况是在做用户测试的时候并没有打通，三个月一张票都开不出来。我到巴西的时候，正好是客户投诉的高峰期。由于是货、票同行的要求，要发货必须要开票，开不出票就发不出货，没法到站进行交付。

在我们的坚持下，使用 ERP 系统带来了显著成效。比如在巴西税制复杂的情况下，以前我们开票的时候选择税种就经常出错。ERP 真正使用后，我们做税率同源的项目，确定了唯一的 ERP 税源，产品经理做 BOQ 报价时引用系统税率，我们去帮客户做预订单，客户确认后直接扫描关键信息进入 ERP，后面自动匹配税率，这样自动化实现所有流程，税率都是一致的，最后就能开出正确的发票了。自 ERP 上线之后，我们开票的人从当初两百多人降到六十人。

随着流程的逐渐疏通、端到端供应能力的提升，我们也逐渐赢回了客户的信任。X 客户之前投诉过我们好几次，有一次他对我说："Terry，现在我们和华为合作，再也不用担心了！"现在客户与华为合作，不再急着下 PO，而是先把站点规划等方面事情做好。我们也有自己的流程规则：比如无硬件 PO，没有拿到完整配置的话，我们不会传递到后端去进行生产；如果软件和服务的 PO 不配套，不会发货。因为 PO 环节的正确，我们不仅能开出正确的发票，交付能力也迅速提升。从 PO 到站点的时间缩短，从一开始的两个月缩短到最快两周。就这样，在巴西市场，我们的实力越来越强，客户越来越信任我们。

对业务做战略性取舍

巴西市场渐渐出现好转迹象,但还在亏损。2013年,在预算弹性授予机制下,财经委员会曾经不批我们的预算。有一天晚上我打了一个半小时的电话进行沟通,当时我都快急哭了,因为公司不批我们的预算,就无法生成资金计划,账目不到,各项支出可怎么办?我心急如焚,压力真的很大。但是想到当时来巴西的目标,我还是咬着牙坚持了下来。

2013年,巴西整个管理团队下定决心一定要"转正"。那年年中回国述职,财经委员会主任郭平专门来听我述职。

回到巴西,我立刻向大家明确,巴西的代维和微波项目不做,

2014年在巴西我(中排左二)与同事们一起过圣诞节

2015 年初于阿根廷（离别南美南地区部时）

规模也不再扩展。因为华为在巴西没有能力也没有精力开展代维，微波项目也是如此。在当时情况下，项目成本高，我们还不具备低成本交付能力，做一个亏一个。我们坚决舍弃，不再进行规模扩展，先练好内功。

2013 年，任总来到巴西代表处，给了我们不少鼓励，也提升了大家的士气。也就是在当年，我们终于实现了盈利，实现了历史性转折。而自此之后，华为在巴西市场迎来了盈利的"春天"，2014 年、2015 年利润节节攀升。更让我骄傲的是，现在华为在巴西具备的低成本与快速交付的运营能力是业界领先的。

在巴西的日子对于我来说，是一段受益匪浅的经历。我是作为地区部 CFO 来到巴西的，我深刻感受到，做 CFO 是一项"技术活"，因为这个岗位不单单需要了解会计的专业知识，还需要了解公司的业务，掌握全面的业务技能，同时这也是一项"艺术活"，因为CFO需要和企业内部、外部积极沟通，处理、掌控风险。CFO有三个功能——促增长、管经营、控风险，我开玩笑和别人说，我的工作经历正是这三个功能的真实写照。

结语

2015年，因为新的工作安排，我从巴西来到伦敦金融城。每天我坐地铁上下班，穿梭在繁华的金融城里，看着鳞次栉比的高楼大厦，感叹时代的进步、时光的飞逝。眨眼间，我已经在财经部门工作十年有余，十年间有过欢笑也有过泪水，但是带给我最大的收获是成长。

人生攒满回忆就是幸福！

（文字编辑：霍　瑶）

部分网友回复——

先写下来再讲清楚：
记得听财务的同事讲，巴西一个代表处要处理的全年 PO 数量，相当于全球 PO 数量的一半（好像不包括中国区），这就充分说明了巴西业务的复杂性。财经是一方面，那些年一直不能"转正"，交付、服务体系的压力也很大。好在众志成城，实现了"转正"！另外，去年拉美大区合并，详细资源的整合和轮换，也能激发巴西代表处多年沉淀后迸发出激情。希望巴西代表处越来越好。

小鼠：
实践中快速成长的干部！财经体系应该多提拔这种在一线打拼出来的 CFO。

信口此黄：
2012 年至 2013 年我去巴西支持项目有半年时间，对巴西复杂的业务环境深有感触！现在能"转正"，真是不容易啊！

杀神 de 爱姬：
作者的成长轨迹和财经的发展是同步的，一起成长的感觉真好。

w00294079：
务实、高效、在各种岗位都能发挥最大能量，同时也是个谦和的好领导，手动再加一百个赞。

一亿多美元的财产保卫战

作者：米建思

"咬定青山不放松，立根原在破岩中"，是郑板桥著名的《竹石》的前两句，也是我最喜欢的诗句。"破岩"在诗中是指"贫瘠的岩石"，但在我看来，可能是一个个机会点。只要抓住一个个细小的机会，就有可能生根、发芽，一切大不相同。

做扎根Y国的一棵树

2006年我从中国政法大学毕业后加入公司知识产权部，后又被调到法务部负责处理纠纷。2009年的一天，公司首席法务官宋博（宋柳平）把我叫去，告诉我准备调我去Y国，问我的意见。

当时Y国是公司内公认的最难啃的地方之一，这里不仅自然条件艰苦，而且业务复杂，各种争议很多，压力大。我自己也曾到Y国出差过一次，亲身感受过Y国和中国在经济发展和基础设施建设上的差距。但是在出差期间，我发现Y国法务可以做的事情很多，它恰恰是一个可以有所为的地方。没怎么犹豫，我当即对宋博表示没有问题，而后就来到了Y国，担任Y国代表处的法务部副部长。因为从小在农村长大，我来Y国后很快适应了当地环境。

但是 Y 国的工作开展起来并不顺利，"在游泳池里跑步"是我当时最深的感受。Y 国人民热情友好，很喜欢给承诺，和他们说任何问题他们都会摆着手告诉你"No Problem"（没问题），但往往最后全是问题。就比方叫一个车去法院，司机电话里说五分钟肯定到，但实际上要等半个小时。这样的情况在工作中就要命了，华为公司对员工的要求是说到做到，执行力强，但我们和 Y 国国外部律师接洽时，他们对于任何诉求都满口答应，可最后往往会无法兑现，弄得我经常在领导面前被"打脸"。

虽然困难重重，但我内心里一直憋着一股劲儿：Y 国是法务的用武之地，公司面临那么多挑战，一定会有所作为。我下定决心一定要在 Y 国这块"破岩"上扎根、成长，就这样留在了 Y 国。

全面打响财产保卫战

2009 年，Y 国 X 集团与华为签订了一份价值 1.56 亿美元的合同，购买 2G 设备和服务，但直到 2012 年，1.28 亿美元的余款却迟迟没有付清。其中 X 公司作为母公司，欠华为 1.18 亿美元的设备款，两家子公司欠 1000 万美元的服务款。

华为 Y 国代表处和公司多次向 X 公司催促、与其谈判，无济于事，基于正常的途径已经难以回款，公司决定将这个项目的回款计提坏账拨备，已经做了最坏的打算。在公司财经委员会上讨论的时候，宋博认为用法律手段对"有钱人"是有用的，并且欠款主体是有实力的母公司，完全可以诉讼。诉讼是商业斗争的最高和最终形式，最终公司财委会授权法务部全力追讨欠款。

2012 年 7 月，公司法务部和代表处成立了项目组，Y 国代表处法务部长老加、我和小耀成为核心成员,针对这一亿多美元的合同款进行诉讼准备。为了提高效率,法务部内部由宋博直接指挥,没有任何中间层级和决策层级的干预。

Y国的司法虽然相对独立公正,但是司法效率低。据Y国政府官方报告,民事案件平均审理期为十年;仲裁程序相对高效,平均耗时二到四年。而X集团在Y国经营多年,在政界、商界、司法领域都很有影响力,是典型的"地头蛇"。

老加作为本地法律专家,精通Y国法律与当地情况,他建议应该用上全部的法律程序,全方位对X集团进行施压。根据Y国公司法规定,X集团如果无法清偿债务,华为可以提起破产清算程序,于是我们首先在地方法院提起了两起针对X集团的破产清算程序,要求X公司立即归还欠款,否则将要求法院判定X公司进入破产清算程序;同时,又根据合同约定选定了仲裁员,同一时间向X集团提起三起仲裁程序,要求X公司归还欠款并支付相应的利息。我们同时发起多起诉讼,火力全开,打响了一亿多美元的财产保卫战。

"捉蝎子时要掀开每一块石头"

诉讼程序开始阶段,我们很快发现自己只是众多的X公司"债主"中的一路人马,X公司同时在和多家公司打欠款官司。"虱子多了不咬,债多了不愁",X公司对诉讼已经司空见惯,根本构不成足够的压力,有时甚至还对我们通过其他渠道传达的和解善意嗤之以鼻:"你们不是起诉了吗?那我们在法庭上见。"我有点着急,按照这种传统战术打法,X公司欠款会变成一场消耗战,依照Y国的司法效率，即使能把余款都追回来，那起码也得五六年时间。

而此时，离我们提起诉讼已经过去大半年了，开庭多次，案件没有任何进展，大家压力特别大。那时我向宋博、当时的Y国代表处代表蔡总定期汇报进展，自己都不好意思，因为每次汇报都是"没有进展"。困难的时候他们给了我们很多鼓励和宽容，继续信任我们，让我们撑了过来。

整个项目组也很郁闷，我经常和老加聊天，有一次他告诉我，有句英文俗语叫"Leave No Stone Unturned"，意思是做事要全力以赴。这句英文的意思一下子把我带回到儿时和小伙伴们在山上捉蝎子的场景：山上的蝎子都藏在石头下面，要找到蝎子就要把山上的每块石头都翻过来，因为很多时候蝎子就藏在你不经意错过的小石块下面。于是我拉上老加和小耀开始反思：在这个案件中我们是不是把每块石头都掀过了呢？是不是有些案件细节我们错过了？是不是我们的思路还不够宽阔？

X集团成为我们三个人那段时间的工作主题，我们每天看Y国的电视新闻、报纸，通过各种渠道寻找X集团动态所透露出来的信息。X集团不仅从事电信业，还涉足油气田的交易，恰巧这段时间Y国石油和Y国石化正准备购买价值24.5亿美元的M国油气田，种种迹象表明这个油田正是X公司的。

这一发现真的犹如黑夜里的一道亮光，我们有了方向——只要证明油气田是X公司的，X公司有钱可还，但拒不还钱，让法庭看到这一点，判定并下达"X公司不还钱就不能进行油气田交易"的禁止令，不就牵住了X集团的牛鼻子、扭转局面了吗？

顺着这个思路，我们就开始挖M国油田这座"金矿"。但很快意识到纸上得来终觉浅，我们在Y国收集到的信息都是二手的、零散的，完全达不到法律证据上的证明力要求，要拿到过硬的证据材料还是要深入到 M 国亲自去"掀石头"。

去 M 国之前我向蔡总汇报，他拍着我的肩膀说："你这是特工队深入敌后，等你好消息。" 2013 年 5 月我来到了 M 国，办事处非常支持，安排专人专车陪我拜访与油气田交易有关的各色人等：当地名律师、矿产部长、总统顾问、中国驻 M 国大使等。找线索、看材料，有些重要的文件还需要手写下来，我掀的"石头"越多，发现的交易相关线索、与 X 集团关联的证据也越来越多。

为了找到更多的证据，8 月份我又一次来到 M 国。通过这两次调查，我们对油气田的位置、市价、具体买家是谁、交易需要哪些手续、目前的进展程度、与 X 集团的关联性等都了如指掌，形成了完整的证据链，对即将到来的庭审也信心满满。

刺破影子公司面纱

Y 国高等法院第一次开庭，我们提出财产保全申请，禁止 X 公司在清偿华为债务之前做任何财产剥离的行为。开庭前半段对方律师在庭上表现得懒洋洋的，认为我们没什么机会获得法院支持。当我们亮出了在 M 国收集到的证据时，庭上气氛一下子变了，对方律师脸色明显紧张起来，而法官看到如此清晰的证据链则完全站到了我们这一边。第一次开庭，法庭开出了禁止 X 公司的油气田交易的禁止令，对方的律师头上冒汗，走出了法庭。

历经苦战，幸福突然来敲门，多少次深夜的加班，多少个失眠的夜晚，才换来案件的关键转折，胜利的天平已经开始向我们倾斜，所谓"攻守之势异矣"。我、老加、小耀三个人走出法院的大门，内心再也按捺不住喜悦激动之情，不顾周围的人群，我们像孩子一样又跳又笑。

X公司感受到了压力，价值24.5亿美元的油气田不能交易，一下子打到了他们的"七寸"，他们紧急聘请了Y国No.1的出庭律师紧急提出上诉，全力反对这个禁令。

面对对方的大牌律师，我们聘请的出庭律师是来自Y国一家中型律师所的优秀律师，"段位"仿佛略逊一筹，但对外部律师使用方面我们有自己的思考：提起第一个诉讼的时候，我们请的就是最大牌的律师，随后发现，越是大牌的律师，业务越多，很难全身心投入到我们的案子中来。刚开始和这个出庭律师接触时，项目组还是有些犹豫，因为毕竟不是最有名的律师。"通过前期和他合作，发现他很有冲劲"，老加的评价让我们放下心来。事实也证明，我们的律师成功欲望强烈，一直充满"饥饿感"，努力向前，而且内心高度认同华为，这些特质与华为不谋而合。代理案件期间，他全身心投入案件中来，积极出谋划策。

X公司的上诉理由是：油气田交易的公司，是X集团在毛里求斯和维京岛注册的子公司甚至是孙公司，交易行为也发生在Y国境外，用美元交易，Y国法庭没有管辖权，华为公司也没有任何理由阻止该交易。X公司这些反击点我们早有准备：我在M国的日子里，早就将油气田背后各种错综复杂的关系和脉络摸清楚了；小耀花了很长时间，把所有的证据精心制作成了一张简单生动的关系图。

法庭上，律师把小耀制作的这张关系图呈给法官，说明了这些公司的关系：油气田的持有公司是一个注册资金为数百美元的公司，通过一年的运作就操作一项价值24.5亿美元的交易，这怎么可能？这只能说明 M 国的公司只是一家"影子"公司，它背后的"大手"来自 X 公司。那么在 X 公司要卖掉自己如此高价值的资产前，当然应该清偿拖欠华为的设备款。就这样，我们刺破了"影子"公司的面纱，将油气田真实的所有人 X 集团从幕后揪了出来。2013 年 12 月 20 日下午 3 点，法官宣布判决："X 公司需要在 7 日内向华为公司出具见索即付的银行保函。"

X 公司无奈之下，只有"丢车保帅"，向法院出具了见索即付的银行保函，保函由 Y 国国家银行伦敦分行开出，金额为一亿多美元。保函一旦开出，就独立于 X 公司的意志，只要法院判决向银行提出兑付要求，银行就必须支付。这让我们吃了一颗定心丸，仿佛已经看到了一亿多美元在向我们招手了。

但我们的诉讼之路并没有就此结束，一年多的东奔西跑，项目组不放过任何一个细节，不断发现新的诉讼机会，前前后后正式启动和筹备启动的诉讼有 15 起。

最艰难的谈判岁月

这纸保函成为案件的转折点，我们笑称是"扼住了对方的咽喉"，和 X 公司的攻守形势发生了翻天覆地的变化。他们开始主动找我们，希望通过谈判解决问题。为了双方未来的合作，华为也同意谈判，希望能达成和解。

欠款打折成为他们的主要诉求，从五折、七折到九折，X 公司一直给代表处和公司施压，希望促成和解。X 公司高层和宋博当面谈判两次。这个问题当时还上了公司财经委员会，不少人都担心现在不同意打折，最后很可能鸡飞蛋打，颗粒无收。但是宋博深谋远虑，表示不能为短期利益所动，他立场坚定："不打折，和解谈判不能脱离法律程序，要通过法律程序拿回欠款，否则即使和解，对方公司很有可能还会耍赖而拒绝或推迟还款。"蔡总当时经常接到 X 公司打来的希望"通融"的电话，他立场特别坚定，"有什么事情你们找法务部谈"，打消了对方的幻想。

同时 X 公司也开始对我们"威逼利诱"。他们私下找到我和小耀，"年轻人你要想在 Y 国好好发展，我们是可以帮助你们的，各方面都可以谈谈。"我们都报之以"呵呵"，内心从未有丝毫动摇。

老加作为 Y 国人则面临更多的状况，几次接到 X 公司律师和高层的电话，有一次甚至刚刚庭审完，X 公司就打来电话威胁他："华为是一家中国公司，以后如果撤走了，你可能工作都找不到，而且现在我们也知道你家住在哪里，你儿子叫什么名字，在哪里读书，你小心点。"老加是一个身高 1.95 米左右的铁血汉子，2007 年底进入华为，他的专业素养和敬业精神一直让我很敬佩。面对如此威胁，他一点儿也没有退缩，反而激起他强烈的血性，不止一次和我说"坚决不妥协"。

"一直以来我们都是坚持以客户为中心，但这并不意味着一味妥协。我们需要基于契约精神之上的平等合作。讲理讲原则，才能得到客户真正的尊重，"宋博说，"你们在一线，最清楚情况，一定要相信自己的判断。"

当时谈判过程中 X 公司朝秦暮楚，毫无诚信，好几次已经达成一致意见，第二天就会推翻之前所有的承诺。项目组的判断就是一定要把官司打下去，不能再拖。我们于是提起新的诉讼，全方位施压，最终 X 公司被迫在 3 月 20 日做出服从判决的决定，我们就这样拿到了法院兑现银行保函、一次性支付全部本金的判决。

判决下来的那一天，我整个人有种前所未有的轻松感，几个月承受的压力一下子都烟消云散了。相比于诉讼阶段的按部就班，谈判阶段是最难熬的日子，我每天心里都在打鼓，很担心最后一无所获。那段时间我的头发也大把大把地掉，整个人愁眉苦脸。老加压力也很大，他说自己每天都去神庙拜神，已经"turn his life over to God"（把他的生命交给上帝）。现在看，幸运女神真的站在了我们这一边。

得到兑现银行保函的判决，我一出法庭立刻向宋博报了这一喜讯。

4月9号上午，我和小耀坐在电脑前，一直与马来西亚的同事联系，不停地确认钱有没有到账。当天上午11点，我们得到1.28亿美元设备款到账的消息，此时我们竟然有点不敢相信，让同事核对钱汇过来的金额和银行，就是X公司银行保函兑现的钱，直到确定准确无误，我们心里的大石头才算真正落地了，整个项目组一片欢腾，因为这一天等得实在太久了！

结语：不是奇迹的奇迹

我们在Y国，只用了两年的时间，就打赢了这场金额有一亿多美元的官司，这对于我们法务团队来说，是一个奇迹。可在某种意义上说，这又不是一个奇迹。郑板桥在《竹石》里写道："千磨万击还坚劲，任尔东西南北风。"正是在力出一孔、不屈不挠的敬业精神的感召下，我们突破了种种阻挠与困境，才最终在"破岩"中长出挺拔的青松，赢得了这场没有硝烟的财产保卫战。

（文字编辑：霍　瑶　陈红霞）

部分网友回复——

会发光的叶子：
每个字都透出坚韧和顽强的个性，能想象得到，这两年完全看不到未来、不知道成功在哪里的日子，需要怎样无比强大的内心，你们都是真正的英雄！

悄悄走过：
大大地赞！实打实的为公司"赚"到钱了！

千里姻缘一线牵：
个中艰辛只有当事人知道，为你们点赞，在异国他乡，为公司及时追回这么一大笔资金，很了不起！

最合适就是最好的：
很不错的案例。说到底，成功还是需要专业的力量。

m00329994：
虽然没有一字一句地描述两年的历程，但是可以想象得出整个诉讼过程的艰辛，如同我们公司无数销售竞标项目，历时长，没有坚韧的毅力很难坚持下来。

佛祖汤普森：
真的很棒！从另一个角度想：是谁给公司造成这么大的资金风险？这可是上亿美元啊！货就这么发出去了，一点风险管控措施都没有？导致最后迫不得已对簿公堂。赏要重赏，罚也要重罚。

| Lzhy：

每个岗位上的同事都对自己手上的工作精益求精，在自己内心承认差距，然后虚心学习、积极进步，公司的业绩就会百尺竿头、更进一步！

第二次握手

作者：黄江宁

"世间所有的相遇都是久别重逢。"

电影《一代宗师》里的经典台词，用在我和华为的缘分上，是再恰当不过的。

我和华为的第一次握手，是在18年前，可是因缘际会，由于我出国深造，与华为擦肩而过，心中隐隐存留一丝遗憾。

2005年，7年海外求学生涯行将结束，意外地在法国又与华为重逢。这一次，我不再放手，一握就是11年。

阿尔及利亚：从简单业务做起

堵在客户办公室做回款

2005年，我从巴黎高等商学院毕业，进入华为财经体系。

由于我会讲法语，外派第一站便是阿尔及利亚。我只知道它是北非的一个重要国家，幅员辽阔，其他的则知之甚少。但只要是没去过的地方，我都抱有强烈的好奇心，买了一张机票直抵目的地。

那时我主要负责回款，在阿尔及利亚做回款工作，没有大家想得那么简单。因为这里办事效率普遍不高，客户处理文件很慢；银行系统则更麻烦，流程多是手工操作，且对外汇有管制，不知多少次我拿着票据在银行窗口前徘徊，却兑不到美元。

回款不及时，项目就会卡壳，着实让人着急上火。所以我天天到客户和银行主管的办公室"上班"，一来二去，与他们交情甚笃。阿尔及利亚人办事虽然慢点，可生性淳朴，对待朋友，只要在规则范围内，都愿意提供帮助。我常去客户办公室催促，"快点帮我办了吧"，客户会当场从一摞票据中找出华为的，"唰唰唰"地签字；我又拿着票据去银行，催促他们"票据齐了，下面的手续麻烦加快点"，对方当场签字"放款"。

那两年，我一个人在海外无牵无挂，就是拼了命地干活。2006年的回款大大超过年初定的目标，我也第一次获得金牌个人奖。

战战兢兢地手写发票

在阿尔及利亚，我一直承担着一项"额外"工作：开发票。

当时海外代表处的财经流程还不完善，开票基本是手工操作。一天，一名产品经理拿着空白发票来找我，让我填写内容。我愣了一下，"开付款发票这事也归我管？"对方说："兄弟，只有你懂法语啊。"

从此以后，代表处开发票的活就落在我的头上了。开始一段时间还没觉得有什么不妥，后来有一天，我突然意识到其中的风险，顿时冷汗直冒。我手写的发票，不用上传网络，没人检查，也没有懂法语的人能检查。万一哪天我头昏脑涨，写错任何一个数字都可能酿成大问题。

真叫一个战战兢兢啊！后来为了防止出错，我每次写完发票，就把票据放在抽屉里，第二天再自检一遍。如果特别紧急，写完后过几分钟再检查，确保准确无误。如此开了两年发票，没有出过一次错误。

在阿尔及利亚的两年,充实并快乐,但也有一次委屈到流泪。

那时我刚到代表处没几个月,负责接待一个国内的考察团,迎来送往、鞍前马后、会场、餐厅、宾馆……大大小小的事都要我操心。为了买某一款指定的染发剂,满城市跑遍了,接近午夜零点时终于在一个犄角旮旯找到了,我连夜送到宾馆。连续多日这样的工作状态,有一天晚上十二点多回到宿舍,我突然感到很委屈,想想自己曾雄心壮志,如今离家千万里,可干的都是婆婆妈妈的事,越想越委屈,竟哭了起来。第二天早起,我又好似忘了昨晚的事,大丈夫能屈能伸,米都来了,不能退缩,依旧精神百倍地工作。

阿尔及利亚的两年是我快速成长的两年,从一个满脑子洋墨水的留学生变成了一个接地气的职业人,负责的回款范围也从一个国

地中海边,那时我还年轻(2005年,阿尔及利亚)

家扩展到整个西北非法语区国家。

印度：和业务共同成长

抓住市场爆发期，帮客户解决燃眉之急

  2009年的一天，我和领导在食堂吃饭，领导突然抬头问："公司想派你去印度，你有什么想法？"那时，华为在海外的融资业务逐步壮大，需要大量人手，而我2007年从阿尔及利亚回国后，在销售融资部当了两年融资经理。我几乎没有犹豫，说："印度挺好，这地方还没去过呢，我愿意。"就这样，我奔赴海外第二站。

  那几年，印度是全球增长最快的电信市场之一，运营商大多处在快速建网阶段，几乎每个客户都有迫切的融资需求。我的团队最忙碌时，同时操作八九个融资项目，与形形色色的客户打交道，忙得不亦乐乎。

  A运营商是融资新手，需要我们手把手地引导设计方案，推动每一步谈判，两年里我几乎把客户办公室当成了第二个家；B运营商气质"高冷"，在耕耘几年后我们抓住一次难得机会，首创一种融资退出模式，一击即中，既满足了客户苛刻的商务要求，又保证了华为的回款利益，树立双赢样板；V运营商"善变"，每次交流都会变换需求和条件，我经常于约定时间在空无一人的办公室等待两三个小时，才能与匆匆赶来的客户谈上半个小时；S运营商则作风强硬，言语客气，但在关键条件上寸步不让；R运营商出身豪门但是要价凶狠，谈判锱铢必较，令我们异常痛苦。

  在一点一滴的实际操作中，我们实实在在感受到印度市场的"艰险"。融资方案是与商务方案、交付方案并重的核心要素，要在银行、客户和华为之间平衡风险和成本,可印度金融市场的监管机制特别复杂,融资市场发育又不健全,导致融资成本很高。此外,印度项目的商务战打得异常惨烈,客户一般会把报价压得很低。

一边是大量机会点,代表处的项目多得忙不过来;另一边是拿不准在众多项目中哪个可以做,哪个可以赚钱。印度客户千差万别,有的十分善于纠缠细节,一旦客户端在付款上出现状况,随便哪一个项目都能把代表处拖进负向循环的"泥沼"中。

尽管在印度298万平方公里的土地上充满商机,我们仍对涉及融资的项目慎之又慎。不过,这也逼迫着我,从财经的视角去做管理,帮助业务部门在融资方案设计上尽可能多地考虑到各种风险,做到风险量化、风险可控。

印度的这三年时光,我无怨无悔,其间我的团队还荣获公司金牌融资团队奖。

郊外徒步,经过一辆满载的"客车"(2011年,印度)

与合作伙伴一起成长

在印度,我们主要的销售融资合作伙伴是中资银行,尤其是国家开发银行(以下简称"国开行")。其实,我与国开行的接触始于阿尔及利亚,华为与国开行合作的全球第一单保理业务,就是我完成的阿尔及利亚电信××万美元的单子。

记得是 2006 年,国开行工作组初次到达阿尔及利亚,人生地不熟。我们请他们吃饭,协助他们找办公室、招聘员工……

那几年,国开行陆陆续续往全球派了八十多个工作组,每到一个地方,他们都会找华为。这是因为华为海外拓展销售融资业务与国开行"走出去"的战略合拍。国开行走出国门伊始并没有多少海外客户,而华为有大量的海外客户资源,有资源我们不藏着、掖着,会将这些资源与国开行共享,共同打造一条强健的销售融资产业链。

2007 年我从阿尔及利亚回到了深圳,加入销售融资部新成立的国开行系统部。那段时间,华为大量的海外融资项目潮水般涌入国开行,我们与国开行的兄弟们结下了深厚的战斗友谊。尽管后来我已不在国开行系统部,但每年总有几次,我与国开行的朋友总会在世界的某个角落因融资项目不期而遇。

一起摸爬滚打、一起成长,华为和国开行没有强烈的甲方和乙方、企业和银行的"疏离"感,而是如同一个战壕里的兄弟。华为与国开行的合作从涓涓细流变成奔腾的大河,一起奔向广阔的大海。

英国:藏龙卧虎的金融中心

2012 年,总裁任正非与销售融资专家座谈,他提出:"我们的融资资源要多元化,欧洲银行、日本银行也应该成为我们主要合作对象。……多元化的融资结构及资源,也是公司持续稳定经营的保障。"

金融业务上的新手

在短暂负责日资银行的开拓后,我于 2013 年来到伦敦,开拓欧资银行资源,与他们进行融资合作。

对伦敦这个金融中心来说,华为是一个新手。比如去年,我们希望做一个公司级的债券发行项目,可心里没底,因为我们没有经验,且是一家没有被评级的公司。某银行一个做发债业务超过 20 年的员工对我说:"我最近五年只碰过两三个没有被评级的公司的发债项目,最终的认购情况都不太好。你们一定要做的话,请做好思想准备,可能会非常艰难,结果也不会很理想。"

他的这番话让我们陷入焦虑,因为我们确实不知其中深浅。之后我们在伦敦又同金融圈各机构交流了五六场,慢慢看出了点门道。银行不看好我们,并不是因为项目本身不行,而是项目已经超出了业界的认知,没有哪家银行有把握。

公司最终决定:做!

发债当天非常顺利,市场的热烈反响超乎想象,认购量超过预期十倍,价格也很理想。很多欧洲银行的人在事后跟我说,没想到你们会这么成功。那位劝我们"要谨慎"的银行老员工也表示,做了几十年银行业,还从没见过这样的事。

此后,我经常仔细审视自己和华为,我们到底算不算新手?逐渐发现,华为的确是新手,不过是"新"在创新上,有很多业界之前没出现过的业务需求,华为是第一个提出来的。

近几年,华为的体量迅速增大,全球性业务越来越多,影响力也逐步上升,成为世界商界不可忽视的"玩家",越来越多的海外银

与伦敦金融论坛团队在一起（右三为作者，2013年于英国伦敦）

行"追"着与华为合作。

在金融中心挖掘小众资源

尽管华为的业务越来越高端，可我们的视野不能只局限在"高"，也得盯着"小"，因为华为在全球的业务形态繁多，融资场景异常复杂，单靠主流金融机构并不能满足需求。

在伦敦这潭深水里，既有花旗、汇丰这样的"大鲨鱼"，也有活得很滋润的"小鱼、小虾"，我们发掘了一些既专业又小众的银行，其竞争策略有别于那些大银行，简直像是为我们的业务量身定制的。

有一年我们做B国业务，由于B国国内政局不稳，信用证暂时无法贴现，一听说是B国业务，大银行唯恐避之不及。我们在伦敦通过各种关系发掘出两家有B国央行背景的小银行，当时我去实地拜访，这两家银行虽也在金融街上，可外观毫不起眼，一不留神很容易错过。进去之前我还犯嘀咕："靠不靠谱啊，死马当活马医吧。"

我推门进去，让我惊奇的是，对方非常专业，清楚明白地列明可以接受 B 国哪几家银行开的信用证，讲明了具体原因。到现今为止，我们跟这两家银行已经做成了好几笔 B 国业务。

再比如，伦敦 L 保险公司因一个半世纪以来从未违约而举世闻名，曾为"泰坦尼克号"出具过保单。我们在帮一个非洲客户寻找融资渠道时，开始与 L 保险公司沟通。平常在政府保险机构投保，流程极其烦琐，一个项目花半年到一年时间是很平常的事。可 L 保险公司两三天就能给我们详细答复，明确告知某个项目是否能做、能做到什么程度，这样的效率让我无比震惊。在 L 保险公司承保的基础上，我们又找到德国的一家"小众"银行，他们愿意参与到融资项目中来，三家合作，帮坦桑尼亚、尼日利亚、马来西亚、拉丁美洲地区的国家的客户解决融资问题。沿着这个模式，一年来我们与数十家银行不断交流，又逐步与三四家银行进行了合作，我们的融资之路越走越宽。

猫有猫道、鼠有鼠道，伦敦金融中心真是藏龙卧虎，我们可以找到各具特色的金融资源，为华为的业务服务。这里有大银行，也有小机构；这里有欧资银行、美资银行，也有日资银行。

幸运与遗憾

我常常说，人生是无法设计的，生命中的每一段历程都是机缘与努力的结果。

经常有人问我，你一个巴黎高等商学院的高才生，如果不是到了华为，应该可以有更好的平台吧？我明白，他们的言下之意，我如果去了其他金融机构，也许能有更体面的标签，赚更多的钱。确实，我的那些同学，有的去了世界银行当经济学家，有的去了国际货币基金组织做研究工作,同寝室的一位兄弟现在已经身家过亿。

可我从来没有后悔过,能够进入华为,对我来说是件特别幸运的事。华为给了我一个广阔的平台,拓展了我的视野,我的人生经历是丰富的。

在非洲和印度工作,我并没有觉得很苦,相反很兴奋。我在阿尔及利亚经历过炮火,爆炸物离我就几十米远;在撒哈拉沙漠以南的马里,客户办公的大院里第一次面对面地看大蜥蜴在树上爬;在邻国乍得,客户带我去看法国兵营,到当地市场看非洲土著的木雕;我挎着相机独自去过非洲最淳朴的村落,被当地人围着要求拍照。在印度,周末我顶着四十多度的高温爬山,鞋底都融化了;飞机在孟买机场降落的时候,我看见漫无边际的贫民窟沿着机场围墙蔓延,壮观的景象着实让我深深震撼。

我经常向同学"炫耀":"地球上的这些地方你们可能一辈子都不会去,但是我去过。"这是华为公司给了我弥足珍贵的人生历练的契机,不然谁有机会到这些地方去呢?这是真心话。

在伦敦,我可以与汇丰银行、巴黎国民银行等世界级银行的银行家交流,不是因为我自己有多厉害,而是因为华为有影响力,我只不过恰好处于这个位置。站在公司给我的平台上,我有机会接触世界金融中心这么精

在日内瓦金融论坛上,作者(左)与欧洲中央银行前行长特里谢合影(2015年,瑞士日内瓦)

彩的小圈子，一点点深入挖掘、横向拓展，做一些对公司有价值的事。我真心认为我做的工作是有意义的，从内心热爱我的职业。我也是公司的小股东，在一个良性发展的公司工作，会越干越有精神。

当然，不考虑物质条件也是不可能的。不过，公司给我的物质回报已经足够坚实，我靠着它买房、结婚、生子。跟我的那些同学虽然没法比，可我一直认为，人生不只是钱的事，钱够用就好，人生的精彩有很多指标，生命有宽度也有厚度。

这么多年，我心中也一直存有一份伤痛和遗憾。2005年5月外派阿尔及利亚前夕，我趁着"五一"假期回家了几天。那时我父亲患胰腺癌到了晚期，身体已经极度消瘦。我从高中时开始在外读书，常年漂泊，每次离家时从来没有不舍。可那次，竟有生离死别之感，我已经走到街上了，但心中总觉得不安，又折回家中，流着泪和父亲拥抱，我不知道是否还能再次见到父亲。四个月后，在阿尔及利亚接到父亲病逝的消息，我痛苦不已。

回想1998年，我获得法国国家奖学金，邀请从未出过国门的父母到法国游玩，父亲拒绝了，要我把钱省下来去读巴黎高等商学院。虽然我在国外待了十多年，父亲却从未出过国，如今，想带他去国外看看的愿望竟永远不能实现，一念至此，更是悲伤。为了补偿，如今每年我都会将母亲接来英国小住一段时间。

在公司11年，不知不觉间已人到中年，我和华为的牵手还在继续。去年我拿到了"天道酬勤"奖牌，从领导手上接过沉甸甸的奖牌，我很激动。我觉得这不是一个终点，反而像是一个新旅程的再出发点。我相信未来会更精彩。

（文字编辑：张　钊）

部分网友回复——

悠闲的周末：
对金融城的猫鼠合作印象深刻，还有父亲病逝的伤痛要面对，真的太遗憾，如果在国内，或许可以陪伴。有得必有失。

c00329984：
跟江宁兄弟有缘，都在印度和英国待过，还在伦敦会议室小叙。你的经历已经足够丰富，相信以后的人生会更加精彩！

g00169819：
保持正能量，且行且歌。

老乡我真的是八路：
子欲养而亲不待。人生总有很多遗憾。当初在荷兰时正遇元旦，半夜里邻居在放烟花，收到哥哥的消息：代父祝弟生日快乐。一时间情难自禁，几乎泪崩。然后我说现在阿姆斯特丹正值午夜，邻居在放烟花。哥哥回：拍几张回来给爸爸看看吧……拍了几张之后再不敢回复，一个人在屋子里哭得一塌糊涂。那年，父亲的"渐冻人症"渐重，已经不能行动，连说话都几乎不能……如今他已离世数年，每每出差海外，都想着多拍些照片，希望他在另一个世界，也可以看得到。

g00378190：
读了笔者与华为牵手11年的酸甜苦辣，当读到因为工作未能见父亲最后一面时，我鼻子好酸，让我再次想起那段朴实无华而又极具真谛的话——"要得到你必须先要付出，要付出你还要学会坚持，如果你真的觉得很难，那你就放弃，但是你放弃了就不要抱怨，我觉得人生就是这样，世界真的是平等的，每个人都是通过自己的努力，去决定自己生活的样子。"一个人的发展需要一个人的付出，华为的发展需要17万华为人的付出，正是有愿意付出的人，或许几个月，或许几年，或许一生，才有今天的华为。

燕子往"北飞"

作者：钟 燕

2012年，我第一次踏出国门，是被"骗"出去的。

那时我24岁，进公司才一年，也没有男朋友，好多同事对我说："燕子，你应该勇敢出去闯闯，像你这么年轻的女孩去非洲，有大把的男生排着队在机场等你呢，随便你挑，你放心地去吧！"

于是我就这样被"忽悠"到了北非。

差点把自己弄丢了

我的第一站是埃及。当我拖着硕大的行李箱踏出机场大门时，一张中国面孔都没看到，只有两大排穿着白袍、戴着帽子的阿拉伯男子齐刷刷地站在门外。当时埃及刚发生了动乱，我被吓得立刻退回到机场大厅，赶紧拿出电话联系地区部安排接机的本地司机。

总算是坐上公司的车子离开了机场，我看着窗外荒芜的景致，没有窗户也没有房顶的高楼，心一寸寸地往下沉，我以后就要在这样的地方工作生活吗？我的眼眶顿时湿了，想起了出国前奶奶的话："燕子啊，去了外国不习惯就马上回来啊！不要担心没有工作了。要是没有钱吃饭了，还有奶奶呢，不要怕！"

可是，我哪能真的回去啃老啊！我忍着泪水，强撑着笑容和本地司机聊天,他的热情缓解了我忐忑不安的情绪。我到了宿舍之后才知道,当时正好是埃及假期,整个北非财经管理部除了一个怀孕的姐姐,其他同事都有安排,所以只有本地司机去接我。

两天后,度假的同事们终于回来了,我和两个男生一起去了埃及最大的商场CityStar(城市之星)。结果我逛着逛着就和他们走散了。超级大的CityStar里人潮涌动,店铺众多,我还没买本地手机卡,国内的手机卡也上不了网,查不到他们的电话也没法联系,我一下就慌了。那时我已经和他们分开两个多小时了,窗外天色暗黑,心里越想越怕,绝望地绕着商场转圈,突然,我看到了其中一个男生,顿时欣喜若狂,简直就像看到了亲人一样!

他们也终于松了一口气,说他们在商场里用寻人广播找我,轮番用英语、中文播了好几遍,但我压根儿没注意到。他们就一个人在入口等我,一个人在商场里面绕圈找我,终于找到我之后,却没有一句抱怨,只有安慰:"你放心,没找到你,我们是肯定不会回去、也不敢回去的,我们怎么能把你一个女生丢在这里呢?"

那一刻,我既愧疚又感动。就是这样的温暖,让我坚定了留下

本文作者

来的决心。

要我就是做赔本买卖吗？

我在北非地区部做了半年财经平台工作后，摩洛哥代表处签下了北非最大的一个项目——某无线框架项目。原来的项目财务经理被调到地区部其他岗位，代表处需求紧急，于是领导把我叫去沟通。

我之前就听说摩洛哥是非洲的后花园，领导告诉我："摩洛哥环境还可以，但业务是北非最困难的。因为客户要求很多，业务也比较复杂，在历史上有很多签约时觉得能赚钱的项目，做到最后都亏了。这次调岗只给了你一周的交接时间，因为那边项目实在太紧急了……"

后来领导再说了什么我都不记得了，因为我当时心都要飞起来了！去摩洛哥！做项目财务！出了会议室我恨不得要跳起来，那时公司正在号召财经人员深入到项目中去，我觉得做项目财务比我在地区部做财经平台工作有意思多啦。我马上给家里打电话，真是开心极了。

哪知道我欢呼雀跃地到了摩洛哥，第一次见到当时的摩洛哥代表时就被兜头浇了一盆冷水。

"这就是你们新来的小姑娘啊？两个A级项目都是她负责？用一个小姑娘换走一个有经验的老员工，你怎么总是做些赔本买卖啊！"代表当着我的面对我的主管说。虽然他的语气是半开玩笑半认真的，我却从他的眼神里感觉到了担忧和不信任。

主管安慰我，说代表只是在开玩笑，但我还是很难过，觉得很受打击，心想自己有这么差吗？没经验就一定做不好吗？我偏要让你们知道,要我才不是赔本买卖!

沉下心做"扫雷"专家

我到任之后的第一周,就召集大家开了一个项目经营分析会。

我能在财务系统中看到项目核算数据,手上又有概算和预算信息,就对当时的项目情况进行了分析,并把所有问题点都预警出来,告诉大家项目执行情况并不好。提出问题之后,我希望自己能深入项目里去,和团队成员一起想对策、找解决方案,于是就对我的主管说:"我想和项目组坐在一起。"他开心地笑起来:"很好啊,我鼓励你这么做。"

我之前就听说摩洛哥的合同里有很多"坑",客户还制定了很多非常严苛的指标,导致许多合同执行下来都亏损严重。我问起项目组的人,为什么结果会这么差时,他们都无奈地告诉我"客户就是这样要求的,合同就只能这样签啊"。

真的吗?合同真的只能这么签?我心里很疑惑,却没有直接反驳他们。因为我知道,没有任何证据就去指责、质疑别人,只会让大家更加看不起我,也不再愿意和我沟通。所以,我决定自己看合同。任何事情,总要先了解透彻,才有发言权。

摩洛哥的官方语言是法语,这个项目合同文本也是纯法语的。可我只有英语基础,看不懂的地方就上网用谷歌翻译,一个单词一个单词地查。厚厚一本合同,我逐字逐句地读,足足用了两周多时间才啃完,虽然看得都快吐了,心里面却有了底,了解了整个合同的内容,还找出了许多合同中的"暗雷"。

比如,一般在合同签署中,客户会在初验后给我们绝大部分资金，还有一部分尾款需要等几年质保期过了之后再给。但培训服务也这么签那就太不合理了，因为培训服务何来质保期一说呢？总不能说我给你培训完成后，过两年再来检验你是不是还记得这些知识吧？因此培训服务如果也签了类似的条款，就压根儿拿不到最后的尾款了。

我读完整本合同后，根据识别出的关键问题提出了一系列建议，比如所有的培训服务都不准有终验这个要求，要尽量避免做价格转移等。

不过，事后检查总不如提前预防，于是我把这些关键点都放进了财经变革推行的"概算假设表"中，纳入项目财务的概算和合同评审流程。售前的同事依据合同谈判的情况，在我评审前先回答"Yes"或"No"，如果他回答了"Yes"，我再仔细去读这些条款在合同里是怎么签的，会带来怎样的收益和风险，然后做出量化数据报给管理团队去决策。

这种方式能简单快速地定位问题，提前识别风险点，即使后来我离开了项目财务的岗位，这张"概算假设表"也一直在使用，它基本囊括了摩洛哥代表处合同签署中所有容易误入的"雷区"和"暗坑"。

我不是小青菜，而是小辣椒

"概算假设表"的成功推行给了我信心，让我感觉到只要我能为项目经营做出贡献，就能得到大家的接受和支持。

于是我更加认真地去管理项目经营。我到摩洛哥四个月后，发现项目路测的成本高达数十万美元，单站单次路测成本要 600 美元，远远高出周边的阿尔及利亚、突尼斯等法语国家。异常数据的背后，应该是项目管理存在问题。

我查阅了代表处的路测框架协议，以及项目组下的路测分包PO（订单），渐渐找到了问题所在——项目交付高峰期时一个月的交付站点大概是250个，6月份以后每月交付站点只有50个，但我们的路测PO却是按照高峰期的路测队伍来下的，高峰期之后我们没有解除多出来的PO，就继续下PO让分包队伍去干活，其实他们根本就没有活干。

表面看来，问题在于项目组没有人去监控PO的执行情况，没有将资源投入和交付业务量匹配起来。但再分析下去，其实根因在于我们和分包商签的路测框架协议太粗，只有按队伍、按月和按季度来下PO的方式，没有按站点的方式，所以很容易多下PO。

我反映了这个问题之后，引起了交付副代表的重视，项目组马上让CEG（采购专家团）和分包商沟通，重新制定了合理的分包框架协议。

这件事让代表处的领导意识到了项目财务的重要性，团队成员也越来越多地向我咨询项目经营的事情，我有了更多的激情和干劲，很快就发现了第二个问题——项目的人力成本非常高。

我一一查阅所有填工时的员工信息，匹配每个人的出差信息，发现我们在交付高峰时要的90多个员工基本都没有释放，而那时交付量已经下来了，很多人并没有再做这个项目。比如前任项目经理已经离开项目一个多月，仍在这个项目里填工时，还有其他人也多报了许多工时。我发出通报邮件，将此情况汇报给代表处CFO（首席财务官）和交付副代表，并和项目计划控制经理一起梳理了所有的交付人员。首先释放了不需要的22个人，对于剩下的60多人，每个人都指定了唯一的工时审批人，并将以前的六个工时审批人缩减到了两个；项目组里来了新人，也需要先来我这里报到之后才能申报工时。采取这些措施之后，就从源头上管控了乱填工时的问题。

通过这两件事，大家对我刮目相看，连主管也和我开玩笑："你还挺厉害的啊。之前我以为你只是一棵小青菜呢，没想到你是一个小辣椒！"

项目组的"团宠"，成长中的快乐

虽然我的专业能力得到了大家的认可，但我知道，要真正做好项目财务，只知道财经知识是远远不够的，还要懂具体的业务，包括产品和交付。

我一边借助公司的内部平台学习产品知识、各种网络指标，一边结合实践学习交付业务，跟着项目组的兄弟们一起下站点、去库房。

站点工程师拆站点时，我软磨硬泡让他带我一起去，站在旁边拿个本子，让他跟我讲，他拆下来的每个东西都是什么、干什么用的。

做质量管理的同事去检查站点，我也跟着他一起去，一天跑了四个偏远的站点。他觉得我一个女孩子跟着他这么东奔西跑的确不容易，在我问他每个站点是怎么安装的、发现的质量问题会带来什么不良影响时，他也就愿意耐心解答我的这些"十万个为什么"。

慢慢的，我能更加深入地参与项目管理，说出更多专业性意见帮助项目促经营、控风险。大家也从一开始的不理解，认为项目财务没什么用，到认可项目财务的价值，知道我能让项目多赚点钱，大家可以多分点奖金。

从 2013 年 5 月到摩洛哥，至 2014 年底离开项目财务的岗位，我和团队成员一起，节省了上千万美元的项目成本，并有效控制了风险，协助代表处 CFO 从容应对税审。做项目财务的那一年半，是我在公司成长最快的日子，也是我最开心的一段时光。

作为项目组唯一的女孩子，大家对我都很好，工作时会给我答疑解惑，闲暇时会带着我去看美景、品美食，特别是当他们知道我喜欢爬山时，就陪着我把周边好玩的山都爬了个遍。我也从"十指不沾阳春水"的娇娇女，变成了可以在宿舍里给大家做佳肴的小厨娘。

项目财务的工作给了我很好的积累。2014年底，我被提拔为代表处的预算经理，开始从关注单个项目经营的角色里跳出来，学会站在更高的角度看代表处的整体经营。

2015年10月，我牵头负责制定代表处的全预算，和各业务部门一起输出了一个完整的业务规划，并实现了业务规划和战略规划的衔接，得到地区部总裁的认可，成为北非其他代表处学习的模板。那一刻，我突然意识到，无论在哪个岗位上，只要我能积极钻研、用心工作，都能发挥自己的价值，得到成长和收获。连续六个A的绩效，不只是让我变得更加自信，也让我有了面对更多挑战的勇气和动力。

如今的我，再也不是当初那个看到荒漠就要掉眼泪的小燕子了。站在大西洋的岸边极目远眺，碧浪惊涛的尽头，是天高云淡的自在。我仿佛看到了我的未来，一路"北飞"，尽情翱翔。

（文字编辑：陈丹华）

部分网友回复——

巴贝拉：
好厉害！只要敢问、敢拼还是有未来！小燕子加油！

w00334039：
认真深入，发现问题，优化改进，点赞！凡事都怕认真和用心。

爱晚红枫：
行动和结果证明实力，是金子总会发光，女汉子的豪情和坚强，鼓舞人心，继续加油！

华为小弟弟：
真正深入到项目的PFC（项目财经经理）才是项目需要的PFC，而不只是看看表格、做做数据。为小燕子点赞，你的A货真价实。

马蹄山上的：
深入项目，做出贡献，让人刮目相看，财务不是躲在背后，也可以冲锋在前的。

专业成就价值

作者：Peter O Donoghue　　Ben Binnington　　Hendrik Cornelis　　Richard Needs
　　　Mark Atkins

【编者按】

伦敦金融城作为全球金融中心，藏龙卧虎。2014年华为FRCC（财务风险控制中心）在此成立，网罗了一众高端金融财经专家，分布在资金、税务、账务等领域，每天在五星级的办公楼里进行着看不见刀光剑影和硝烟的战争，他们以自己的专业能力，为公司创造价值。

"我的最高目标是把FRCC做没了"

在入职培训时，一个宣传视频引起了我的注意。这个视频讲的是华为在珠穆朗玛峰上安装基站的故事，非常振奋人心，充分体现了华为以客户为中心、艰苦奋斗、团结合作等诸多理念。当时我最直接的感受是，财经的故事在哪里？财经能像一线一样为公司创造价值吗？带着这样的疑问，我两年来试图搞清楚两件事：华为过去做得怎么样？未来我能够为华为做什么？

诚然，华为过去取得了不错的成绩，但一些系统性的积弊也不容忽视。我认为,华为目前缺乏一个端到端的可视化流程。

华为目前端到端是割裂的,存在部门墙、流程不连续等问题,导致前线与后方拉通存在困难。缺少端到端协同拉通,并不是华为独有的,很多西方公司也同样存在,但华为的流程比西方公司更复杂一些,很多员工在协调拉通时,不得不拘泥于流程,按照流程一步步走,缺乏灵活性。

Peter O Donoghue

我觉得西方公司的一些做法,值得华为学习。西方公司的员工觉得公司流程不对,会先把流程放一边,去做调查,再根据自己的调查,去调整流程和方法,而华为员工在这方面的能力有所缺乏。

我想分享一个我加入华为前合作过的某大T的案例。他们在做财经变革时,把员工分成了两部分,一部分做财经流程,另一部分做决策支撑。他们希望通过这次变革,引入更多的决策支撑活动。决策支撑对端到端的可视化非常重要。在那家公司,财经是和前线并肩作战的,他们积极地参与到业务活动的方方面面。他们不但拥有专业的财经技能,而且对于业务痛点理解深刻,所以一线往往非常重视和欢迎他们提出的建议。我觉得这样的做法非常值得华为借鉴。

端到端流程拉通协同后,前线作战部队与后方管控团队能更好合作,降低系统性风险。但未来,我们能做的更多。我的想法可能会让你觉得诧异,但我毫不讳言:将来,我们就是要把FRCC做没了,"消灭"了。

为何这么说?因为我想搭建一个风险防范体系,并把这个体系的方法论充分赋能给一线业务部门，使业务部门自身拥有风险防范控制能力，在每天的日常工作中就能把风险管控好。那我们就变得不再重要，业务部门也就不再需要我们了。

  在我的理念里，无论是做一个产品，还是创造性搭建起一个体系，都希望它是永久的。因为我们不可能永远在这个体系里待下去。那我们能够留给继任者的，就是搭建起来的方法论、体系和工具等永久有活力的东西，风险管控亦是如此。我们创造和传承什么有效的方法论以及工具，是一个挑战。

  我们才刚刚起步，我一直跟团队讲，其实我们也是做知识产权产品的。当然我们的产品不是用来卖给客户，而是通过它教会业务人员怎么看财务的"三张表"（资产负债表、利润表、现金流量表），怎么用平衡计分卡的方式来看风险，以及怎么读懂、规避税务方面的风险。

  通过这些年的努力，我们已经慢慢建立起来这样的知识产权产品，但是我们接下来还要持续提升，让它在业务及其他领域都能够被复制、被广泛运用，当业务人员掌握这些技能后，我们这个团队就不再被需要了。

  ［Peter O Donoghue 于 2014 年 10 月加入华为，现为 FRCC（亦称"财经蓝军"）资深财务专家。拥有英国 FCA 资格，牛津大学硕士学位。1990 年至 2013 年在德勤工作 23 年，其中担任审计合伙人 12 年。］

从财务核算看华为"五大风险"

  我目前在伦敦会计政策中心，负责审视财务报表，确保财务报

Ben Binnington

表符合会计准则,必须披露的信息也以遵从的方式对外披露,而且保证内外的合规。

从财务信息披露角度来看,华为的责任和一个西方上市公司的责任不一样。对一个西方上市公司来说,如果市场和监管机构要求披露某一个信息,它必须披露。以前,华为是一家非上市公司,是不需要非得披露的。

但是,现在华为已经在公开市场发行债券了,虽然说数额不多,但带来的影响是:对外披露的信息跟以前不一样了,标准也不一样。

华为目前整体资产处于健康状态,但也存在不少风险。我研究公司的资产负债表、利润表、现金流量表等,并每天参与到具体的交易中,逐步归纳出公司存在的五大风险:第一个是产品定价的问题,以前华为依靠价格优势拿下了一些市场,但是这种模式不可能持续,未来也会存在一定的风险;第二个是市场风险,华为某些产品、服务依赖于新兴市场,但新兴市场作为国家或地区本身是有很大风险的;第三个是过于激进的销售,公司以客户为中心,对于销售侧来讲是完美的,但是对于财务侧来讲有一定的风险,因为客户的信誉无法保障,签订合同后,客户会不会不付款?虽然我们有一套非常好的内控体系；第四个是货币方面的风险，我们没有足够的对冲，这可能是华为独有的风险；第五个是研发投入的效果，公司在研发上的投入很多，但到底能产生多大价值呢？西方公司要求量化研发的投资回报，但华为谋求长远，敢于对未来投入。

从财务角度讲，投资是需要变现的，你做项目需要提交完美的计划书，列明你的预算、MKT（营销）费用、收益等。所以，财务会挡你前进的路，我的建议是，不要让财务去挡你的路。

我承认研发投入有风险，但值得去投资，因为目前我们负担得起，也需要投资研发去支撑伟大的创造和好的想法。从报表的角度来讲，只要有足够的利润去承担，就不会有什么问题。而且我们也关注着收益，并将其控制在所设定的利润区间范围内。当然华为并不是想做慢慢衰落、慢慢缩小的一个纯制造商，而是希望把利润维持在一个比较合理的水平，能够成为一家先进、顶尖的公司。

［Ben Binnington 是英国特许会计师、账务会计政策中心资深会计专家，2014 年 5 月加入华为。在加入华为之前，Ben 在巴克莱银行工作了 10 年，担任会计政策部主管；在此之前，曾在普华永道工作。］

预防"黑天鹅事件"发生

华为有很多大项目，有些项目的规模超过 1 亿美元。此外，华为与很多中西方的金融机构合作，这些良好的合作伙伴对华为未来的销售至关重要。如果合作伙伴不赚钱，合作关系就会受到影响。如果项目出了问题（风险敞口和预期销售），那华为就会亏钱。据统计，四年前，华为问题资产累计有 30 亿美元，其中，超长期欠款数额已达 16 亿美元，我们每年能解决 2 亿美元的问题资产。现在超长期欠款已少于 10 亿美元。但随着华为新项目的实施，新的风险敞口又会随之增多。我的团队主要是负责解决这一问题，催缴客户的超长期欠款。

怎么有效催缴欠款？欠款的客户大致可分为两类，没钱还和有钱不想还的。对于有钱不还的，我们要采取强硬的态度和措施。华为是一家商业公司，通过出售电信设备及服务来盈利，如果拿不回来钱，华为将无法生存，客户必须理解这一点。对没有能力付款的客户，我们的团队需要有出色的洞察力和创造力，并发挥聪明才智，想一些巧妙的方法。拿 B 国的运营商来说，当时我们了解到，有一家公司要并购这家运营商，于是找到这家公司进行协商。我们告诉他们，你们可以去并购，但必须先把拖欠我们的款项还上，否则华为将采取进一步的应对措施。这家公司非常清楚，跟并购的资金相比，欠华为的 8 千万美元其实不算什么，所以他们用现金还了款，6 月份已到账了。

这并不是我们第一单成功追缴的案例。早在三年前，FRCC 成立伊始，我们就收回了 1.5 亿美元的欠款，我们现在的目标是每年收回 2 亿美元欠款。

除了追回欠款，我们团队更重要的价值，在于预防问题资产发生，做好风险预警，提前介入。当一个华为的项目有风险，或者可能出现风险的时候，我们力求尽早介入。对于华为及其财务伙伴存在重大风险敞口的项目，我们会全程看护付款行为以及客户的财务

Hendrik Cornelis

健康。

我们从不草率做决定,任何风险预警都基于数据和分析,绝非主观臆断。做决策前,我们会进行调查,拜访客户,形成风险报告。同时,我们认识银行系统人员、律师和顾问,我们也会研究本期和预期收益、现金流、市场及负债等情况。如果客户的收益是以软通货结算,而负债却以硬通货结算,我们就需要重点关注。因为这常常会有很大风险,很多项目都可以佐证这种情况。

但让人沮丧的是,我们的专业风险预警不止一次地被一线忽视。拿A国的例子说。X是A国运营商。去年,我们了解到X正挣扎于软通货收益和硬通货负债的问题中,然后向A国代表处发出预警:"X已走投无路了,将面临破产。"

当时,代表处对我们的预警很生气。在他们看来,X是市场占比第一的运营商,怎么可能破产?我们给代表处发了一份内容翔实的分析报告,论述了X的发展轨迹。看到报告后,代表处仍觉得我们的预警不切实际。但没过多久,X真的破产了。

其实,我最大的担心是出现"黑天鹅事件"。我们必须反复问"如果……会怎么样?"这些假设性问题。

什么事会真正摧毁华为?如果某些小国不能付款,我们会损失几亿美元,这会对华为造成打击,但华为还是能存活下去。但如果一个大T、关键国家或关键地区发生意外事件,这将带来致命的风险,华为资产可能遭遇"滑铁卢"。重要的不是风险的大小(即使这个风险非常小),而要考虑华为将面临多大的风险。我们要清楚,一旦我们在这个项目中亏损,那华为将面临什么样的处境。作为专家,我们可以为一线提供帮助、采取行动、提出意见、解决问题,控制并管理风险。

[Hendrik Cornelis 于 2013 年 2 月加入华为，担任问题资产管理部主管。毕业于哈佛大学法学院，拥有律师执照。加入华为前，任 ING（荷兰国际集团）投行部全球 TMT（电信、媒体和科技）主管。]

"卡住"税务风险敞口

遵纪守法，不意味着风险不存在

早些年，华为税务职能部门只需关注纳税金额是否正确、是否按要求向相关机构报税等基本税务遵从活动，就能满足当时的发展需要；但随着华为从躲在小丛林中的"松鼠"变成一只无处躲藏的"恐龙"，华为税务敞口风险越来越大，加之国际税务的变化，华为不得不转变思考方式，引入财务风险控制的理念。

Richard Needs

2014 年，华为在伦敦成立 FRCC，我加入了税务风险监控部，今年 3 月担任部长一职。如何帮助华为识别和量化税务风险，是我和我的团队重点研究的课题。

华为目前存在什么税务风险？在熟悉公司业务和流程后，我发现"以客户为中心"的服务理念带来业务突飞猛进的同时，也带来了一些税务风险。华为把客户放在第一位，合同、产品、服务可能会迁就客户的要求，随意变更，但从税务角度来看，不同法人之间的税收政策和规定各不相同，我们盲目地以客户为中心最终可能会危害自身利益。

但这并不是说,我们的业务发展要迁就税务风险。关键在于,我们如何理解准备承担的税务风险,以及税务部门针对该风险制定的政策规定和商业模式。

因此,我们团队面临的挑战是,与机关管理团队和税务团队协同识别、分析、量化税务风险,并提供有效的解决方案,对一线业务人员提出建议,以期取得业务拓展与税务风险之间的平衡,但有时我们会受到来自一线的质疑。

他们会质问:"这方面我很有经验,我们一直就这么做,没出过问题。为什么要做出改变?"但事实并非如此,以前我们公司规模较小,而且现在税收制度也比以前要复杂得多,以前的经验放到现在并不一定适用。

我想举C企业被欧盟开130亿欧元罚单的例子进行说明。C并不知道他们的业务模式存在风险,过去十多年来,他们一直遵纪守法,没有发生任何问题,因此也就想当然地以为真没有问题。但今年8月底,欧盟裁定C需补缴130亿欧元。

税收风险并非一蹴而就,而是不断积累形成的,华为应吸取教训。我们一直遵纪守法,但并不意味着风险不存在。

建立风险全景图

那我们应如何识别、分析、量化风险,避免重蹈覆辙?

目前,我们并没有一套统一的税务风险识别标准。但我们建立了一个识别潜在高风险国家的模型,模型要素包括员工数量、销售收入、利润、我们在该国商业模式的复杂程度等。例如,如果公司在一个国家的业务种类繁多,包含研发、管理、服务等,那么在该国家的风险就会明显高于业务模式单一（如总代理商业务）的国家。

这个模型可以帮助我们设置优先级，确定先从哪个国家着手进行分析。在此基础上，建立风险全景图，识别各个国家存在的共同风险，又称"集群风险"。

共同风险值得我们特别关注，需要公司管理层和机关税务团队协作处理，识别风险的严重性，是否在可接受范围，以及应对方案。非共同风险只需特殊处理就可以了。

目前我们正在搭建一个税务风险控制的流程，计划在三年内建立起框架，再花一两年的时间完善。框架如同这个房间，可以先在这面墙上挂一幅画，再在另一面墙上挂一幅画，然后再布置桌子，逐步完善各个要素。所以我们应先从重要的要素着手，需要大家群策群力，做出最佳决策，与公司的长期发展目标和愿景保持一致。否则风险框架就如同一个空壳，无法有效控制风险。只有将风险框架应用于日常的业务决策和税务遵从活动，才能有效控制风险，这也让框架的设计变得尤为重要——如果这个框架不可操作或者不适合我们的业务活动，那便无异于空中楼阁，变得毫无价值。

[Richard Needs 于 2014 年 9 月加入 FRCC 下的税务风险监控部，直接税专家。曾先后在普华永道、沃达丰工作 17 年，负责公司税、税务风险管理、税务遵从、税务审计等，有丰富的跨国集团公司税管理经验。]

理解文化及人才保留

我曾在投资银行供职 20 年之久，之后才转战电信行业。来华为前，我在摩托罗拉做财经管理达 10 年之久。当我加入华为做销售融

Mark Atkins 和他的妻子在一起

资专家时，那时融资业务还没做起来，完全是平地而起的一块业务。当时在华为内部还没有一个外籍专家担任这样的职位，我觉得自己像一只"小白鼠"，因为没人知道这个东西怎么做，也没人知道我们是否能成功。

销售融资做了两年后，机关让我带领一个试点团队去搭建全球信用风险业务，随后我协助建立了伦敦信用能力中心，这个中心后来逐渐演变成了现在我就职的 FRCC。截止到今日，我在华为已经待了九年有余，有人问我为何能在华为待这么久？我觉得这得完全归功于当时在中国出差的数月经历。

那段时间，我通过社交和实地体验，了解到更多的中国文化。我切实融入了当地的文化和环境，得以用一种在海外时从未有过的视角，看待中国人民、体味企业文化。现在我能够看到两国文化的不同，甚至能够欣赏差异。

我分享一个关于商业文化的例子。2010年，华为效益非常好，奖金高，大家非常高兴，但任总却在一次公开讲话中表达了自己的忧虑。大家觉得奇怪，为什么利润高，反而要不开心呢？任总说，利润高说明我们从客户那里收的钱太多了，这就意味着客户没有足够的钱去投资未来。任总是站在一个更高的生态圈去看待问题，关注自己也关注客户的成功，而西方商业文化往往关注自身成功（而这种成功往往是以他人的损失为代价）。我从这简单的一句话里学到很多。后来，我把任总的哲学思想慢慢分享给我的外籍同行听，他们也慢慢能理解中西方商业文化上的差异。

对于华为的人才管理，我想提出一些自己的看法。这不针对外籍人才，而是公司投入大量时间和金钱培育出的那些中方人才。

一些中国同事三十多岁，正处于职业的黄金期，却提出了离职。为什么？

在我看来，很多人离职，可能就是因为没有感受到被爱、被关怀，他们感觉公司不关心他们未来的职业发展，也没有给他们提供充分发挥潜能的机会。如果把公司比作一个大家庭，那冲突、争吵和挫折在所难免，可家人不会因为偶尔的争执就真的伤感情，我们还是要爱他们、关怀他们，即使你有时并不喜欢他们。过去这两年，华为已经有很大的进步，更了解员工的心声，也正在努力改善培养和保留优秀人才的土壤，以使他们感到被爱，尤其是对中层主管。若要让员工感受到爱和关怀，不仅仅是物质激励的问题。就像我们爱自己的孩子，不仅仅是给他糖果，而是要真正关怀他们，给予他们支持和鼓励，帮助他们激发潜能。虽然物质很重要，但不是全部，也会有公司比你给更多的钱。如果外面的人出价更高，他就离开了，那是没有归属感。如果外面给他出价很高，他还愿意留在这里，那说明他是爱华为的。但首先，华为也要让他们能感受到被爱着，让他们愿意留在这里。

钱，并不是员工想要待在华为的唯一理由，更重要的是"成就感"本身。华为是一个创造胜利和成功的团队，人人都想分享这份胜利的荣耀，成为常胜队伍中的一员。这点我在摩托罗拉的时候感受最深。当时尽管我们人才济济、管理得当、业务高效，但是当我们全情投入地奋斗了几个月后，却还是在项目竞标时输给了华为，这真是无可比拟的挫败！这说明成功是成功之母。华为已经是一家成功的企业，但如果员工能伴随着华为的成功一起成长，能看到自己清晰的并满足自己期望的职业发展路径，他们会更加愿意选择留下来。

华为未来若想持续成功，必须注重人才的培养与保留，今天的年轻人就是未来的领导者。如果我们更用心去支持、培育、留住最优秀的人才，帮助他们实现梦想，未来，我们将拥有能力更强的领导者。这些领导者将用不可估量的贡献、经验、知识和能力，带领华为更上一层楼。

［Mark Atkins 曾任职于摩托罗拉公司十余年。在此之前，他曾在CIBC（加拿大帝国商业银行）、汇达证券、德意志银行、摩根建富（亚洲）公司和花旗投资银行等工作。］

（文字编辑：刘　军）

部分网友回复——

one945：
从不同文化背景的思维看业务风险和问题，值得思考学习。

h00340738：
转变工作作风，其实最主要的是改变领导风格。这些人是榜样。
公司大了，确实需要更多专业的人才；也希望更多最终尊重专业，而非急功近利，不顾风险。"我的最高目标是把FRCC做没了"，这才是需要的境界。

麦兜他爹：
看不见的硝烟，内容里面这些故事或许是不一样的华为。能防范大家都知道的风险不算厉害，厉害的是能防止潜在、未知的风险。

安琪宝宝的爹：
从财务风险角度去看，这些专家们的风险提示是相当到位的。一线组织向前冲，财务组织做好风险揭示，两者在冲突中寻找均衡，这样对业务健康运营很有好处。这些专家对华为文化的兼容性确实也还不错。

巴卫：
"华为未来若想持续成功，必须注重人才的培养与保留，今天的年轻人就是未来的领导者。如果我们更用心去支持、培育、留住最优秀的人才，帮助他们实现梦想，未来，我们将拥有能力更强的领导者。这些领导者将用不可估量的贡献、经验、知识和能力，带领华为更上一层楼。"

小丫也能扛大旗

作者：季　慧

我要做个不一样的述职

2009 年的某一天，当前任 CFO（首席财务官）带着我去拜见越南代表处代表时，我从他的脸上读到了不信任。他跟前任 CFO 嘱咐："虽然你俩交接了，如果越南代表处有什么事，你还是得管呐！"他的潜台词也许是：怎么让一个 29 岁的黄毛丫头来当 CFO？

我能理解这种不信任。我这个新 CFO 的全部履历是，名牌大学毕业、三年 KPMG（毕马威会计师事务所）审计师、四年华为集团财经运作支持经验，没有任何一线经验，而当时的越南代表处的经营规模在全球排名前十，人称"小印度"。

当时我什么都没说，只想在日后证明自己。

几个月后，越南代表处举行述职。在准备述职材料的时候，我参考其他代表处的财务述职报告，发现大家讲的内容集中在财务数字与 KPI（关键性能指标）目标的差距，如何管理预算预测、如何管理费用报销等，都是从财经视角看问题，而没有从业务视角看财经。

经过思考，我觉得，我的述职要讲一点不一样的。首先我要多使用业务语言，而不是财务数字。其次，要多讲经营，从经营角度发现差距及机会点，为业务创造价值。

依照当时的惯例，财务的述职都是放在最后一个。由于前面有几位主管的述职拖堂，轮到我时已过了下午 5 点半，很多人已经饥肠辘辘，无心听我讲。当然，很多业务主管对财务的述职没有兴趣，在他们眼里，财务无非是记账、付款、报销之类的工作，和他们关系不大。

我没管那么多，就按自己准备的讲。首先我跟大家说，我认为我的述职应该放在代表之后第二个讲，而不是最后一个讲。我也没讲付款、报销之类的东西，而是讲了代表处下一年的经营目标如何实现。支撑代表处三大系统部的目标和任务分别是什么，存量项目应该如何管理，增量项目获取的时间节奏及大概的盈利要求，并阐述各个系统部 2010 年有哪些重点工作及时间要求。当然我的述职也用尽了时间，没有因为大家饿肚皮而草草了事。

参加述职的地区部总裁来了精神，非常认可我的述职，认为这才是有价值的财务述职和有效经营，也定下了以后代表处的述职顺序，先由代表讲市场经营和环境，紧接着就由 CFO 分析经营状况、讲经营的要求。

随后的晚宴，原来被安排在第二桌的我，被叫去坐在领导那一桌。当晚，同事们纷纷来敬我酒。我就这样"挤"上了主桌。

"厚着脸皮"蹭ST会议

光说不练假把式，我还要做出点实际成绩，证明财经能创造价值绝不是虚言。

那些年，越南代表处为 H 客户做一个全网 Turnkey（交钥匙工程）项目，还有不少小 Turnkey 项目。我发现在每年的 4 月至 10 月间，交付进度极其缓慢，收入总是冲不上来。在当时的经营分析会议上，我总能听到一堆原因，解释为什么无法确认收入。可我老是觉得有点怪怪的，于是找了名本地员工问为什么，得到回答是"这段时间是越南中南部的雨季"。

我又问："雨季就不能交付了吗？"

他很惊讶地看着我："你是在城里长大的吧？"

越南中南部属于热带，又多为农村，连天的大暴雨会造成土壤松动，无法进行土建、搭方仓等工程作业。越南雨季跟我家乡的江南雨季是真不一样。

一进入越南雨季，站点的土建工作根本无法开展，若下起暴雨，其他户外作业也得停止，项目进度也就停滞不前。

我明白了工期停滞的原因，于是和交付主管商量，要求不能把任务量平均分配，必须区分旱季和雨季。旱季压任务，尽可能提高交付指标，资源也配足。到了雨季，和系统部一起想办法推动客户加快站点资源准备，尽量释放多余的交付资源。这样一来，项目交付节奏及经营都得到了改善。

这个项目让我意识到，财经人员一定要多接触业务，要多了解当地的实际情况，不能硬下任务、乱指挥。

作为财务的我，最短时间内掌握代表处业务情况的途径，就是参加 ST 会议。那时候，CFO 是无须参加代表处 ST（办公会议）会议的。但我没管那么多，既然觉得这是了解代表处经营的最好机会，哪怕没被邀请，没人发通知，我就不能自己去了？打听到什么时间在哪里开会后，我提前 15 分钟跑到会议室等着。

大家一个接一个推门而入，看见我，表情诧异，传递的信息是：

她来掺和什么？我讲明来意：多了解业务，对财经工作有帮助。看见在场的人犹豫不决，我补充表态，我是 CFO，不存在泄密的隐患，此外全程只旁听，绝不发表意见。大伙儿这才笑笑，也就默认了。从此以后，ST 会议就有了我的一席之地。

我经常对财经员工说，要想财经价值得到更多人认可，必须加强自身对业务的了解，如果财经人员不懂业务，也就别抱怨业务部门不重视财经了。

打破多年来的低商务

2012 年我开始接手东南亚地区部 CFO。有一天，泰国代表处代表来找我："你凭什么建议这样的报价？"

泰国代表质疑的是某战略项目的站点服务报价，认为报高了。此前连续几年，我们为了在与友商的竞争中取胜，报价与单站服务成本持平。而今年，我建议提高报价，不要再用价格来换取份额。

我对泰国代表说："我只是建议，最终的报价需要大家一起商量。"于是当场打电话，请来地区部解决方案 VP（副总裁）和交付 VP 一起讨论。

"你们先听我讲讲理由，再决定。"我不可能无根无据地提高商务报价。

我的判断是：客户追求的，是高质量、高效率的交付，以及快速大规模的交付能力。当时泰国市场，华为有最丰富、最优质的分包商资源，同样时间内可交付的站点数量是友商的两倍。当然，高质量交付需要付出相应较高的成本。我这些观点和结论均来自于泰国代表处年会述职时的工作绩效展示。

如果我们报的和友商一样的商务，而服务又优于对手，成本也高于对手，那我们的盈利点在哪里？如果没有合理的利润，系统部、代表处如何生存？优秀的交付资源如何保存？

当然我们也可以继续报出低商务，表面上是满足了客户的低价要求，可最后却达不到客户对高标准的追求，那是本末倒置，也绝不是客户想要的。另外，我们与客户的合作不是低价低质的一锤子买卖，合理的报价、优质的服务，才是与客户合作的长久之道。

在场的人听完，表示回去商议一下，很快大家同意了我的建议，较大幅度提升了服务报价。交标之后，事情顺利得大大超出我的预期，客户直接答应了服务报价，并没有过多在价格上纠缠。这证明了我的判断，客户真正在乎的还是交付的质量，他们也理解，高质量交付意味高成本投入，所以也愿意为了更优质的服务付出更高的价钱。

这个项目的盈利，对泰国代表处乃至东南亚地区部都是一场"及时雨"。2012年，地区部有大量前两年"打格局"时遗留下来的项目，地区部和泰国代表处都基本上处于"双负"的边缘。恰逢企业业务和消费者业务开始独立，地区部和各代表处还需要拿出一部分资源来支持新业务，地区部的经营相对艰难。

当期利润、战略格局、新业务拓展，三者之间如何平衡？这是CFO需要重点考虑的。在我的建议下，地区部核心管理团队达成一致，增量项目从战略项目中优中择优，向其倾斜资源；其余战略项目则把控节奏，将资源投入到能盈利的非战略项目中。同时，对地区部重装旅资源，按项目呼唤进行结算，多余的资源一律释放。项目要对预算及实际执行结果负责，经营绩效与项目奖金直接挂钩，全方位提升经营质量及管理水平。

中国有句古话，"时穷节乃见"。我也一直认为没有经营压力的地方就不需要CFO。回顾那些年，是我对经营管理体会最深，也是受益最大的几年。

我不怕成为"罪人"

2013年上半年，T运营商准备在M国建设子网，五年Turnkey加八年代维项目，十几亿美元的大单！我们与西方E友商都参与了投标。项目Sponsor（赞助人）是丁耘。

说实话，这是一个大单，在格局上也是一个突破，华为很想拿下这个标。但大家在商务报价上产生了分歧，多数主张低于友商的报价，而我主张高于友商的报价，而且很坚持。当然坚持高商务，有一个风险是丢标，毕竟客户的交易习惯是根据商务标从低到高排序，并依照商务标的次序与投标方谈技术标，一旦谈妥，将不再与后续投标方进行谈判。

我坚持高商务，很可能造成华为彻底出局，但也不是拍脑袋想出来的。我的理由有几个。第一，华为在M国有全网的交付能力和经验，尤其是在山区，是优于友商的，这种比较优势需要体现在商务上。第二，我看到了别人看不到的一个优势，友商在M国没有子公司，M国又是外汇管制国家，西方友商在当地没有法律实体机构，也就没有汇路，美元进不来，当地货币出不去，根本无法支撑如此大规模建设的收付款。但是我们有子公司，有汇路，这些是竞争优势。

我们能够提供更高质量的交付服务和财经服务，自然会有对应的较高成本。如果我们一味在商务上"发力"，报价比友商低，即使拿到了标，那我们接下来几年的利润空间在哪里？如果没有合理的利润，华为如何持续为客户提供优质服务？

基于这些分析，我坚持我的主张，即提出相对西方友商较高的商务报价，并表示如果同事们不同意，我会行使 CFO 的一票否决权，升级至集团 CFO 进行决策。

当时有人在背后说，季慧马上要调回机关了，她才不会管大家是不是能拿下这个项目。的确，当时我已经接到调令，即将回机关任职，我完全可以一路说"Yes"，反正项目亏不亏跟我没关系，何况我的工资奖金不是由地区部给的，这样不得罪人，不用背负骂名。但我作为地区部 CFO，知道自己应该坚持什么，我必须讲出我的真实判断，而不用去管得不得罪人。有时候坚持了正确的事，得罪了人又何妨。

还好，丁耘支持了我，拍板说："既然我们相对于西方友商有如此多的优势，就应该体现在商务上，就应该报这个价，为什么要降？"

商务标结果公布。华为的报价比西方友商高，客户先与西方友商接触了，但西方友商未能满足客户的财务条款，双方中止谈判，客户转而与华为接触谈判。

谈判持续多日，最后一天至凌晨 4 点多，客户要求合同以 M 国货币签约和结算，如果华为同意，立马将项目给华为。

由于 M 国货币贬值速度太快，且项目周期太长，M 国市场刚开放，有较大的不确定性，这项条款意味着大量利润会被汇率波动吃掉。可客户态度异常强硬，作为 CFO，我必须拿出财经解决方案。解决问题，要真正站在客户的立场，经反复沟通，我们得知了客户的真实需求：他们在 M 国设立子公司进行运营，赚取的都是当地货币，可这些货币将无处消耗。

这样事情就好办了。我提出两点，一是设备合同以美元结算，服务合同以美元报价但可以用 M 国货币结算，毕竟华为也是要用当地货币支付给当地分包商的；二是要求汇率保护，条款中明确加入做 M 国货币对美元汇率季度调整的机制。客户表示去请示总部，一个小时后，同意了，最终华为拿下这个大单。

这里没有边界

离开东南亚地区部，我被任命到集团财经子公司财经管理部任职，一晃又是三年多。至今是我进入华为的第 12 个年头，真不敢相信，我在公司竟然待了这么久。

其实进入华为之前，华为给我的印象是土。在上海，KPMG 和华为上海代表处在同一个写字楼里办公，我能接触到一些华为人。在一群外企人中，华为人不是那么在乎穿着，显得很特别；在只有冷餐的写字楼里，华为人会点一大堆热气腾腾的中式外卖；在餐厅，华为人也会不顾面子向旁边其他公司的人借工卡打折；华为面试官在正规面试时，连正装都不穿……

然而这家有点土的公司能够提供我感兴趣的岗位，于是我从上海飞往深圳。可刚报到就被告知，原本谈好的岗位已满员，将我调配到集团财经运作支持部（现质量运营部）。与我沟通的人解释说，华为都这样，又不降薪酬。"怎么可能一样，每个人的职业诉求是不一样的！"我大感不满。

可我没有走，因为来时的两个小目标还没实现：一是去经历真实业务及企业真正的财经管理，二是职业阶段性小目标，当上财务经理。既然有目标没有实现，这家公司还有你当时选择的理由存在，那就继续留下来再试试看吧。

公司让我做运作支持工作，做就做，而且一定要做好，连不感兴趣的岗位都能做得出色，不是更能证明我的实力吗？那时各项业务没有完备规范的运作流程，各部门的配合度也远不如现在，运作支持工作开展得很困难，很多时候需要我想尽一切办法去主动"逮"领导、"逮"同事。

我向来是敢想敢做的人，"逮"人的方式也不一样。于是大家经常看到，我一个女生在男卫生间门口"堵"当时的财经管理部副总裁武军。办公楼里的烟民也几乎都认识我——吸烟室唯一的女性，财经各部门的男领导常聚集在那里讨论工作，我能"一网打尽"。

来华为前，听说过华为文化的特别，说它严格，一段时间后，我发现华为其实挺包容的。比如没人对我敢做事的风格表示反感，大家都能容忍甚至赞许。而且，华为不会在乎员工身上的小瑕疵，也不会硬性要求员工按照某种固定方式做事，你大可以个性十足，也可以风格迥异，只要你能把工作做好，就会得到认可。

后来我在海外待了四年，愈发感受到，我不受边界约束的性格，竟与公司的气质不谋而合。如果在越南我不硬"挤"进 ST 会议，就不可能了解那么多业务知识，也不可能提出切中要害的经营管理之策；如果在泰国战略项目中，我默认了低商务，以财经的视角驱动经营岂不成了一句空话；如果在进入 M 国市场时，丁耘如果当时说一句"一个小财务在这闹什么闹，一边待着去"，我可能回去就写辞职信了。

华为与我上一份外企工作真的很不一样。在外企，各人有各人的一摊子工作，做好手头事就行，不要越界。而华为，没有一亩三分地，没有"天花板"，就像一粒埋进地里的种子，没人会规定你该怎么生长，公司也从不在泥土里放置沙砾或石块来限制成长。这里有很多空白土壤，没有边界，没有束缚，只要种子愿意"拱"，就能拥有更多的土壤，小树苗终将破土而出，能长多高，全看自己是否积极主动地"挤"。

  只要我们敢于突破边界、敢于"挤"出天地、敢于承担责任,就能得到领导最大的支持和大家的认可。当我们"挤"出了边界,领导和同事不会因为你"管得太宽"就一脚将你踢下桌子,相反,他们会将你请上主桌。

  也许这就是华为真正的魅力所在。也许正是一代一代华为人无边界的创造,用机会激发年轻人,用包容鼓励年轻人,用言传身教引领年轻人,才真正形成了这个有生命力的华为,我为是其中的一员感到骄傲。

(文字编辑:张　钊)

部分网友回复——

淡忘幸福：
有时候真得较下真儿，要有股跟自己、跟环境与资源死磕的劲儿。

心情可乐：
这是在用心思考，原来在法国系统部工作时，感觉 CFO 就是统计报表，根本不了解数字背后的问题，无法引领业务改进。看了这个案例，非常震撼！

100276745：
看得热血沸腾！想想各个岗位、各个人员如果都存有"正念"，愿意让公司变得更好，那其实我们自己也会收益良多，同时也能得到历练和成长，让心变得宁静而强大。

来自逍遥津：
如果我做的工作有这么一位领导和我对话，并指点几句，肯定会受益匪浅。虽然不喜欢酒桌文化，但还是喜欢这样的工作氛围。

w00246198：
以财务的视角看业务，以业务的逻辑应用财务，打破边界。学习了。

万事大吉吉：
这篇文章主要是从财经人的角度，思考财经如何支撑业务，重点强调如何打破边界，鼓励财经人如何从简单的记账、报销转变为支撑项目运作，从而更好地为公司创造价值。

维斯瓦河畔的拥抱

作者：张弛有道

接到这个融资需求时，波兰融资团队都沉默了。会议室里的投影仪上，"波兰S公司"几个大字微微有些闪烁，正如大家的心情。沉默的背后，既有为这次融资里的潜藏机会而感到的巨大兴奋，又有为其中可能的风险而感到的一些担忧……

从"零"开始的项目

2006年，波兰诞生了一家新网新牌移动运营商——S公司，作为波兰第四牌，当时的S公司就像是一个前途未卜的"小伙子"，并不被波兰电信市场的玩家看好，但这个"小伙子"却颇有雄心壮志，希望利用3G转型之机，直接建设3G网络，实现弯道超车来打开生存空间。

当时欧洲的无线业务，2G是欧美厂商的天下，3G刚刚起步。华为的业务拓展，也需要一个契机，而S公司的战略和我们树立3G样板点、实现格局突破的想法不谋而合。

所以，在欧美厂商还无暇顾及这个"小伙子"时，华为和S公司先搭上了线。不过，这样的新网新牌客户，基本是一穷二白，除了需要供应商提供技术方案之外，通常也需要融资方案，有时融资甚至起着决定性的作用。

但面对这个家境贫寒的"小伙子"，许多一般的商业银行都不愿意把"掌上明珠"（真金白银）许配给他。也许是因缘际会，S公司、华为、国家开发银行（以下简称"国开行"）三方的业务诉求碰撞到了一起，在我们看来，这正是一个为S公司提供融资的机会。

S公司提出的总体融资需求，高达数亿欧元。可是，S公司的股东仅仅是两家私募基金，无法获得强有力的母公司担保。况且，当时的S公司，建网、获取用户、开展业务……一切都是从零开始，不确定的因素太多。

为S公司提供融资可行吗？说实话，风险非常高，海外金融机构很难直接提供融资，即便是操作过大量海外融资项目的国开行也心存犹豫，在这个融资项目上，华为面临的压力大大增加了。

看清各方的"牌面"

当时的融资经理李嘉楠，虽是金融学科班海归出身，但并没有太多的实战经验，面对如此具有挑战性的项目，多少也有些心里打鼓。

但从销售融资角度看，其实有一些比较成熟的经验可以借鉴：一方面，需要了解各方"牌面"，从宏观经济、市场空间、政策环境，到发展战略、股东投入、管理层经验等方面做出理性的考察和评估；另一方面还要靠一点敢于冒险的勇气和大胆的判断。

从电信监管局到客户办公室，从各大T的大楼到街头的访谈，李嘉楠和客户经理一起，不知道跑了多少个地方，跟客户打了多少次电话。有时客户甚至都招架不住我们的频繁"骚扰",抱怨道:"该说的我都说了,你们已经了解得很全面了,真的。"

但就是凭着这样的深入挖掘和分析,再加上集团同事的指导,我们逐渐发觉并相信,这个项目除了有业务上的战略意义,从融资本身而言,也具有比较好的发展前景。

从经济、市场环境来看,当时的波兰,经济发展蒸蒸日上。在欧盟框架下,波兰电信政策稳定规范,移动运营商三足鼎立、利润丰厚。更为关键的是,我们了解到,监管当局为激活市场,有意在竞争中引入一家新运营商,并提供相应的鼓励政策。S公司很有可能成为一匹"黑马"。

从S公司自身来看,S公司的股东,虽为私募基金,但投资管理团队具备一定的电信投资经验,管理层均是来自业内的资深人士,商业计划也具有较高的可行性。最为关键的是,经过我们和S公司的沟通,股东愿意为项目投入可观的股本金。所有这些都表明,为S公司融资,是可行的。

基于这样的判断,融资部门和市场一线人员,向公司进行了多次汇报。公司高层逐步认可一线的判断并决策,可以承担风险,支持S公司发展。"出牌"的时刻,终于来了。

2006年10月,正是波兰的金秋,华为、国开行、S公司三方终于"拥抱"在了一起,签署了首期商务合同以及融资协议,开始快速布网。这笔融资正如一颗关键的"石子"投入湖水,激活了全局。

次年3月,S公司网络投入商用,短短一年时间,便获得超过3%的市场份额。这使华为实现了在欧洲3G市场零的突破,也是对我们融资选择的一种肯定。

把我们"绑"在一起

良好的开局和发展势头,增强了我们的信心。2008年6月,三方签署了第二期商务合同和融资协议。S公司的用户数也如火箭般高速攀升。

客户的高速成长,得益于很多有利因素,但融资无疑是其中的最关键因素之一。正如S公司的CEO(首席执行官)Jorgen先生在一次会议上所言:"丽莎·明尼利有一首歌唱道'金钱驱动着地球旋转',在我们的三方合作中,也同样如此。"

不过,数亿欧元,就这样源源不断地砸进去,能否足额收回贷款,也是一个考验定力和信心的过程。

要想在这场游戏中做到心中有数、波澜不惊,不是把钱给了客户就完事了,除了要靠融资评估和分析,也需要我们从客户那里获取应有的条件保障。

在第二期融资中,我们把融资拆分出相当可观的金额作为备用额度,只有当客户发展达到商业计划预期时,才可以生效使用。客户一开始不同意,甚至有些生气:"既然是给我融资,这钱什么时候用、怎么用,为什么不能我自己说了算?"

但这正体现了这个融资方案的专业性和合理性,我们和客户解释:"S公司的发展越好,我们的融资就越有价值,但这需要S公司在发展的过程中能够考虑到各种风险,步步为营,这不仅是为了保护三方的利益,更是为了S公司能够更稳定的发展。"

此外,我们还和客户股东沟通,推动股东在融资协议生效执行前,先落实注资承诺,并提供一定金额的备用注资承诺,以备不时之需。这样就使客户在项目中也分担了一定的风险,在使用融资时也能更加慎重。

通过这一系列的措施，我们不仅获取了常见的各种抵押、质押和财务约束，而且紧紧地抓住了股东的投入与支持，作为经验丰富的投资老手，S公司股东也不得不赞一句"Professional"（很专业）。

其实，这一切都是为了给三方的合作绑上一根"安全绳索"，看似是将S公司"捆"住了，其实减少了"坠崖"的风险，不仅华为和国开行的风险得到了控制，也让S公司可以一步一步平稳地向上攀爬。

"要做波兰第一大！"

2011年初，S公司处于一个十字路口，用户市场份额已经达到12%，但要想进一步发展，现金流又紧张了起来。

然而，国开行在S公司的贷款余额，此时却达到历史最高。国开行面临着单一客户贷款集中度过高的风险，能否再进一步提供融资，大家心里都没底。

是继续追加贷款，支持S公司进一步扩张，还是收缩贷款，逐步降低风险敞口？一线融资团队在开会时，一度又陷入了沉默。我们对客户BP（商业计划）再次进行深入的分析，并求助对口支持东北欧区域的融资专家Chris和信用专家Martin，对客户BP和相关数据进行了压力测试。我们将客户BP的经营数据和结果先给一些"压力假设"，调成较低的保守情况，再来推导S公司的经营，结果表明：S公司未来仍然有较大的发展空间，即使在合理的假定范围内出现一些不利的情形，仍然可以偿还国开行贷款本息。

如何让国开行放心地继续提供资金？这个关头，我们必须让三方面对面坐下来，做最诚恳最直接的沟通。经过深思熟虑，我们策划 S 公司管理层一行，初春来到了北京。

"我们的合作非常成功，如今马上面临 4G 上马，这对我们三方来说，都是一个难得的机遇。"在与国开行领导的会谈中，S 公司提出了自己的想法，我们也传递了华为的意见："S 公司的发展很稳定，后续偿还贷款本息应该没有问题。"不过，国开行到底是什么看法呢？

一时间，会议室里一片安静，大家都屏气息声，目光盯向国开行领导，"期待三方能继续合作共赢"。 会议快结束时，国开行领导略带开玩笑地说："希望 S 公司不要满足于现状，要努力做到一牌。"这引起了现场的一片笑声和热烈的掌声。

"努力做到一牌"，自然只是一个良好的祝愿。但是，不管是有意还是无意，S 公司没有仅把它当作一个单纯的玩笑或者祝愿，几天后，一份"一牌商业计划"摆上了三方的办公桌，S 公司设定了更高的发展目标，要做波兰第一大！

一个新网新牌的运营商，能成长并生存下来，已属不易，要做到市场第一，这是不是有些痴人说梦？至少当时我们都这么认为。

为客户"挤水""添柴"

S 公司制定了更具雄心的计划，也提出了高达数亿欧元的新融资需求。

"这是不是有些太激进了？"当时的融资经理张洪斌和一线团队忍不住提出了自己的疑虑。和国开行一起深入分析后，我们一方面认为 S 公司确实有更大的发展空间，有必要继续提供融资支持；另一方面我们也清楚，"用药太猛"反而会"补多伤身"，这次的融资需求，还需要再压缩。

刚开始谈压缩融资规模时，客户自然是反对的，平时温文尔雅的客户 CFO（首席财务官）竟然发了怒，愤然起身，几欲离席，"没有足够的资金，何谈一牌计划？"

然而我们也有足够充分的理由，"S 公司要成为一牌，目标固然是好的，但需要一步一步来，中国有句老话，叫'一口吃不成胖子'，结合收入项和资本支出情况，在未来两到三年内 S 公司还不需要这么多的融资，如果一次性融资过多，不仅给国开行和华为带来巨大的风险和压力，对 S 公司的稳定发展也是不利的，不如循序渐进，以免撑坏了自己。"

经过多轮反复谈判，再加上国开行从中协调，我们将融资规模压缩了一半，得到了三方的认可。

挤掉融资规模中的"水分"只是一个开始，如何就融资条件和商务合作达成一致？这需要华为在其中平衡各方需求。

谈判过程中，我们和客户也有不少分歧，到了谈判后期，张洪斌和一线一起，甚至把这些遗留的问题做成了一个 Excel 清单，标注上双方各自的条件或观点，谈判前要和一线一起先提前讨论、演练，每完成一项，再划掉一项。当时的波兰代表处代表甘建华，也是一个经验老到的谈判高手，在他的统筹下，谈判达到了各方利益的平衡。

在准备关闭所有谈判时，双方有一个条款仍存在分歧，简单来说，客户的融资需要按一定的比例用于购买设备建网，剩余融资额度用于运营支出，这本来是一个常见的条款，但对于这个比例，还存在争议，客户希望比例越低越好，这样，客户使用融资资金就相对比较自由。

为了这个问题，客户 CFO 和张洪斌各不相让，始终难以达成一致。平时很有风度的张洪斌，一时难以从激动的情绪中恢复过来，甚至急得说不出话。国开行的律师拍了拍他的肩膀，说："先别急，大家先冷静一下，有分歧不要紧，说明大家都是很有诚意地在谈合作。"

中场休息时，张洪斌点燃了一根烟，心情平静了下来，思路也更加清晰。从客户以往的成功经验来说，客户的这把"火"，要烧得旺，既离不开合理运营的"煽风"，但更离不开华为高质量网络的"添柴"，而与华为的合作，也正是国开行放心支持S公司的基础。如果客户只把大额的资金用于运营，但减少网络建设的投入，离开了华为高质量网络的支持，如何去保证S公司的稳定发展？国开行的融资还能不能如期收回？这恐怕都要打上一个大大的问号。这也是我们坚持不肯退让的原因。

经过几轮沟通，我们达成了一个各方都能接受的比例。会谈结束彼此道别时，客户CFO主动握住张洪斌的手，说道："我们是谈判桌上的对手，但我们更是要好的朋友。"

"奔流入海"

2011年10月，又是一个波兰的金秋，三方签订了第三期融资协议和商务合同，再次"拥抱"，开启了新的合作征程。正如地区部总裁李健在签约仪式上所言："新的融资，进一步延续了三方的战略合作伙伴关系，为S公司的持续发展提供了充分的资金保障，更为S公司与华为进一步合作奠定了坚实的基础。"

S公司也慢慢从青涩走向成熟，至2013年底，已取得超过15%的用户市场份额，经营大幅度改善，逐渐获得了当地资本市场的认可。2014年初，S公司通过当地资本市场，成功发行企业债，一次性提前还清了国开行全部贷款。

虽然，融资退出了双方合作的舞台，但因为融资而凝结的紧密合作，却早已"融"入双方的血液。如今，S公司已成为波兰第二大移动运营商，"要做波兰第一大"的梦想似乎也并非好高骛远、遥不可及。而这种"拥抱"的温度也延续下来，横跨大西洋，来到了拉美地区的智利，新一轮合作，不知又将续写怎样新的篇章。

初春的维斯瓦河绕过波兰的山麓丘陵静静向北流去，而这丰沛的河水，正来自于寒冬冰雪的消融。波兰S公司，正像是贝斯基德山的一片冰雪，经由和华为、国开行的融资合作，逐渐"融"化，"活"了起来，终于汇聚成河，日夜奔流入海，不曾停歇……

（文字编辑：王　鹏）

 部分网友回复——

🔸 **100230751：**
与客户始终有利益冲突，但消除分歧、合作共赢，是实实在在做出来的！

🔸 **意大利葡萄酒：**
故事扣人心弦，格局也大！这应该算是华为以客户为中心、与客户共进退、帮助客户成功的实例了。

🔸 **KEN：**
好多年前设备上S公司突破欧洲的口号仍犹在耳，原来背后还有这样的故事。

🔸 **油爆琵琶拌着面：**
在融资项目里，往往既需要有理性的分析，又需要有一掷千金的勇气。

🔸 **陆梦梦：**
这种"拥抱"的温度是华为以客户为中心的核心价值观的体现。

财报何以清如许

作者：蔡志坚

2011年，是我入职十多年来压力最大的一年，曾一度想离职。当时，我是南美南地区部的CFO（首席财务官），发现一个市场项目选用了隐含极高法律风险的商务策略，导致项目上升至公司最高层决策，最后被否决。我瞬间被推上了风口浪尖。因为在华为，财务的定位是为业务服务，一般很难干涉业务运营。而拉美的案例让大家意识到，绝不能不顾风险一味冲锋。安然和世通等公司因财务造假导致公司破产和高管坐牢的事件，更提醒着华为必须要确保财经法律法规的遵从合规和风险可控。

因此，2013年初，公司决定建设财报内控体系，实现账实相符，以规则的确定来应对结果的不确定，我被选定为项目组负责人。而华为的财报内控到底要怎么做，当时在项目组内部还存在不少争议。

变革之路如何抉择

连续十多年，毕马威会计师事务所对华为财报的审计报告都是"无保留意见"，说明总体上华为的财报是公允可靠的，但这并非是水到渠成的结果。每到结账期，上千名会计通宵达旦连轴转，200多家子公司,每个子公司30到50个会计监控点,一个月约4万单合同;到季度、年底业务冲刺期,会计几乎每天检查监控点;因业务操作不规范造成数据异常,会计更需要与业务人员反复沟通调整;有时一笔异常数据的调账,需手工匹配几万行的明细信息,甚至电脑都死机了……

这样"人拉肩扛"式的工作方法,显然难以负荷华为越来越大的体量。在海量调整的背后,也隐藏着业务操作不规范,甚至业务造假导致的"账实不符"。那么华为的财报内控究竟该怎么做,才能让财报真实、自然地反映业务?

为了摸清现状,我们先聘请毕马威会计师事务所顾问进行一次严格的财报内控评估。

评估工作刚开始不久,项目顾问找到我:"我们十个专家,在两周时间内阅读了几千份流程文档,还是很难看懂华为财报的数据流向。"他指出现存的问题:财经与业务之间未完全拉通,存在断点,缺乏完整的逻辑,缺乏统一语言,缺乏既定的对话及融合机制,从交易开始到最终核算的全过程无法通过基础数据清晰呈现。

要解决这些问题,必须让财经和业务真正握手,统一语言,统一逻辑,实现"1+1 > 2",这意味着华为的财报内控必须要走财经与业务深度融合的道路。

集团CFO孟晚舟撰文写道:"业务数据的客观、完整、准确,直接决定了财务报告的质量。"是的,财务并不直接产生数据,所有的财务数据都来源于业务部门。"问渠哪得清如许,为有源头活水来。"唯有前端流下来的水是干净、清洁的,后端的财报才能准确。因此要保证财务报告的质量,就必须从业务数据的质量管理做起,这就是财报内控。

一封"很生气"的邮件

变革,先要改变人的意识,才能改变人的行为。那么,如何在大家的头脑中建立财报内控责任意识?

2013年底,正是业务全力冲刺时,账务共享中心收到一封某业务主管发来的投诉邮件,字里行间流露出极度不满:"还有多少收入要反冲的?都是等到最后一天才告诉我,文档不合格,回款没拿到,要被反冲,有些合同都触发快一年了。你们作为监管部门,总要提前预警下吧。"

这样的事情并不鲜见。在业务人员看来,财务数据质量是财经的责任,业务只负责拿订单、"打粮食",却没有意识到,只有业务人员输出正确的业务数据、管理好相应的文档,财经才能产生正确的财务数据。

我们不能怪业务人员没有这种意识,因为公司政策制度也是一片空白。必须先有"法",才能够"守法"和"执法"。因此,财报内控"场"的建设必须先行,于是,一系列重要的文件和指示陆续出台。

2014年7月,集团CFO签发《财务报告内控管理制度》,在公司层面正式明确了各级CEO(首席执行官)、CFO、流程Owner(拥有者)的财报内控责任,通过建立一套财报内控机制确保结果的可持续性。

2014年8月,财经委员会签发《对虚假确认销售收入行为处理的决议》,规定"将收入造假行为按BCG(商业行为准则)违规予以相应的纪律处分",旗帜鲜明地表达对收入造假的零容忍。

2014年9月,集团CFO签发《关于启动财报内控责任函签署的通知》,共计290名CEO及CFO、41名流程Owner及1032名业务主管在财报内控责任承诺函上签下了自己的名字。

2014年10月，EMT（经营管理团队）通过《关于对业务造假行为处理原则的决议》，明确"业务造假导致财报不真实问题，将给予直接责任人解除劳动关系"。

至此，"业务需承担财报责任"在公司"法律"层面上得以明确。但究竟该怎么评估业务结果，又成了摆在我们面前的一个新难题。

利剑出鞘，初露锋芒

根据集团CFO孟晚舟的要求，我们要建立"一套可量化、可衡量、可管理的财报内控评估机制"。

如何确定关键性指标？我们采取新旧结合的方式。"旧"是指在财报内控工作开展之前，账务有很多监控业务合规性的指标，我们对这些零星指标进行体系化整理；"新"是指新识别出来的问题，最终确定的关键性指标将嵌入到业务流程中，进行度量。

我们对前端业务文档进行抽样，平均每个代表处每月抽样1500份，对异常数据的抽样覆盖率达到100%。检测、收集出不合规数据，再匹配管理层容差率，就形成了对各代表处、各流程的评估结果。经过半年多的摸索和优化，我们建立了一套华为自己的财报内控评估机制。

测评的开展，也带来业务管理的改进。以前虽有评估，但不系统，评估与后续的改进脱节。现在则点面结合，重点突出，全球基于同一把尺子，统一语言和标准，形成合力，成为全面引领改进的利器。GTS（全球技术服务）流程内控主管向我们反馈，财报内控测评成为业务管理改进的得力抓手，有种"眼前一亮"的感觉。IBM顾问赞叹，有了这个管理工具，华为的财报内控管理已经比很多上市跨国公司更先进。

得到内外部的基本认同后，2014年底，我们对全球各区域和各部门的财报内控进行摸底测评，并首次公开晾晒结果。其中有两个地区部的测评结果为"很不满意"，地区部总裁当场责成下属改进："问题在哪里？好好检查检查！作为业务管理者，账实相符是我们管理的底线。连底线都做不到，还谈什么尊严？我们一定要做好财报内控，要为尊严而战！"同时，P国的收入造假事件也被公开通报，代表处CEO及相关业务主管随即被弹劾。

财报内控首次公开晾晒便初露锋芒，让业务人员感受到巨大的压力，于是开始整改。但是各级管理者是否能真正担起责任、有效改进呢？

猛烈炮轰，如何承受？

2015年初，集团财经部签发文件，明确各级CEO、CFO、流程Owner作为"账实相符"的责任人，围绕落实责任、讲清问题、自我改进为主线，提升财报质量。

于是，财报内控工作迅速在公司全面布局，遍地开花。各区域纷纷采取行动，清历史、控新增、抓落实，开展业务场景的梳理、解决方案的拉通、作业人员的赋能、组织架构的调整……很快，压力传递到一线作业人员，财报内控影响力度空前提高。通过这种"短、平、快"式的改进，财报内控的部分TOP问题得到快速改善。

然而在此过程中，这也必然会对原来的业务操作习惯和思维模式带来冲击，难免会出现管理动作变形，甚至会带来反对的声音。

果然，公司的一份文件中披露了某地区部要求客户重复签字盖章的现象，同时在"心声社区"上也出现一些质疑财报内控的声音。

这两件事引发了热议，部分员工一度认为"财报内控管理过度，影响正常业务开展，甚至对业务经营造成了负面影响"。

面对这些声音，财报内控项目 Owner 杜延新组织大家多次深入讨论和思考，在认真分析形势及一线反馈的问题后，大家统一认识：财报内控的大方向是对的，局部收益及价值已逐渐显现，我们必须坚定地做下去。当前变革已进入深水区，必然会触发那些累积已久的矛盾。不在沉默中爆发，就在沉默中灭亡。出现质疑不是坏事，一线把声音发出来了，我们就利用这个机会，顺势而为，让财报内控工作更好地落地。杜延新要求项目组下到一线去，加强实地考察和调研，充分听取一线的意见并思考如何系统性改进。

也在此时，集团 CFO 孟晚舟再次强调："账实相符是财报诚信的基础，财报内控责任制是业界通用的流程内控手段。"这给项目组打了一针"强心剂"。

于是，项目组一方面优化财报内控测评和评价规则，引导区域开展长效建设；另一方面加大对区域 CFO 的授权，"让一线听得见炮火的人员进行决策"。

这些举措有效改善了财报内控推行落地的环境和氛围，但要让业务人员真正意识到财报内控的重要性，仅有"外部推动"是不够的，只有让他们在实践中亲身感受到财报内控给业务带来的收益，他们才会打内心里认可。

一分耕耘，一分收获

M 代表处曾因拖欠供应商货款被当地媒体曝光，引发了不小的风波：华为的声誉受损，项目拓展受影响。究其原因，是代表处付款流程不畅,导致对供应商付款延迟比例高达 70%。其实在媒体曝光前,账务部门就发现了异常的"应付账款",并多次提醒代表处,然而未引起足够重视。供应商把活干完了却一直拿不到钱,华为财报上应付账款却迟迟付不出去,财务账和业务实质不匹配,没有实现"账实相符",属于典型的财报内控问题。

后来一线财报内控项目组成员与业务人员充分沟通,共同寻找解决方案。代表处对症下药,打出一套"组合拳":首先优化流程,使全流程状态可视、可管理;其次加强组织能力建设及人员培训赋能,提升业务人员操作技能;三是有序清理小供应商 342 家,强化与 45 家战略供应商"强强联合";最后加强对合同赎期的管控,提升合同履行质量。代表处终于及时扭转了被动局面,付款延迟比例下降至 3% 以内,代表再也不用为付款问题而胆战心惊,可以更加聚焦于为客户服务了,财报内控成熟度也快速提升。

N 代表处项目经理小赖在 2015 年 7 月底接手项目时,真是一地鸡毛:收入目标 1.12 亿元仅完成 30%;存货积压成仓,3000 多万元成本无法及时结转,ITO(存货周转率)高达 200 多天,应收款退票每月高达 800 张,客户投诉不断……项目组的活早就干完了,收入却进不来,应收款也未被准确记录,资金不能及时回流,导致财报内控测评结果很差。

小赖根据测评揭示的问题进行分析,发现根源在于客户与华为的流程未有效对接。随后,项目组立即整改,对接华为与客户的验收流程,打通流程,实现 IT 系统集成,一举攻克难关。存货库存由 2800 万元降至 200 万元,收入确认效率提升 3 倍,超长期存货余额减少 62%。到 2015 年底,项目组超额完成收入目标,从客户那里收到的再也不是投诉,而是好几封感谢信。

前路漫漫，砥砺而行

2016 年以来，财报内控促经营的故事越来越多，也被广泛传播，越来越多的管理者开始主动拥抱财报内控。

印度尼西亚代表处交付主管说："2015 年我们启动'清历史、挖土豆'行动，挖了 1100 万美元收入，清理存货 440 万美元，荷包里多了 700 万美元！清理过程中，打通了流程，把路走通了，站点一验收，项目收入马上就能确认，不像以前每次都和账务搞通宵，各种争论吵架。现在项目计划也准了，心里更有谱了。"

南太平洋地区部采购主管说："通过财报内控的牵引，打通了流程，整体处理环节缩短了，供应商干完活、验收后就能拿钱，更乐意为华为提供更好的服务了。"

2016 年 8 月，华为审计部对集团销售收入风险管控评级，首次给出"满意"的结论，跨年度风险收入比例明显下降，达到华为史上最佳水平。

2016 年底，华为集团整体财报内控测评达到了"基本满意"的标准：收入造假问题基本杜绝，期间会计调账率下降 50%，付款合规性大幅提升，支付准确率的部分指标达到业界最佳水平。

外部审计师指出，华为的会计处理和内部控制持续改善，报表质量逐年提升，审计识别的差异及调账事项持续下降，尤其是收入成本明显改善，调整率低至 0.019%。

但我们知道，革命尚未成功，我辈仍需努力。怎么能让财报内控更好地为一线的"促经营"服务，在确保财报结果真实、公允的同时，建设长效的财报内控机制，保证财报结果持续满意，我们还有很长的一段路要走。

（文字编辑：陈丹华）

部分网友回复——

务实的人生：

我觉得，财报内控的出发点一定是好的，牵引解决公司风险问题的同时，也让一批人搞明白了主要问题的依赖关系和矛盾，得以建立全视角的拉通管理思想。大家在过程中尝试一起来先了解问题发生的根因，然后一起携手解决。我觉得这就是一个进步。不管是业务冲锋，还是财报内控，谁也不能缺了谁；用力过了就适当地放一放，松了就再拉紧些，大家都需要一个平衡，持续活着。

Jaycee：

十年树木，百年树人，财报内控其实做的就是百年树人的事情，只是过程中难免磕碰，但目的却是为了基业长青，要客观地看待财报内控的价值。

大脸：

作为一家世界500强企业，财报公允、合规、遵从，肯定是被外界的无数专业机构拿着放大镜观察的对象。这几年我司搞的财报内控管理机制，我理解其本质就是想公司内部能自我发现问题并自我改进，而非被动地等到外界暴露，自身还浑然不知。粮食要打，钱要赚，这是一家公司能够做大的最简单的精髓，但这并不与内控管理相冲突，内控的目标也是为了企业能更合规的赚钱。

原来你也不在这里：

财报内控使全公司的业务线人员绷紧了一根弦，要对后端结果负责，要对财报负责，也使流程Owner真正承担起（哪怕暂时是被迫的）流程管理责任，不再像以前铁路警察各管一段，各家自扫门前雪，不管他人瓦上霜。从这一点上来说，财报内控的贡献是很大的！

HWtiger：

公司在人力资源管理上经营比作种苹果树，在分苹果的时候，如果大家因为施肥的功劳，还是浇水的功劳，开始争吵，人心都散了，苹果长得再好也没意义。财报内控的目的是好的，也取得了很好的效果。但这不能简单地归结为是财经的成绩，还是业务的成绩，这是大家合力的结果。财报内控管理过程中，由于管理方式、理解问题有差异而产生了摩擦和冲突，应该对这些进行反思。

蛋蛋和刚蛋：

野蛮生长的年代早已过去，从粗放经营到精细化管理的过程，总有碰撞、冲突和不适。现在我们做的这一切都是为了冬天来临时，身上披的那件棉袄或毛马甲能有御寒的功能。而不是远远看着披着一件军大衣，近看却是补丁打着补丁、窟窿挨着窟窿。

"仪表盘"是怎样炼成的

作者：刘建华

华为经过近30年的发展，业务已覆盖全球170多个国家和地区，如果没有一个"仪表盘"及时、准确地反映公司运营状况，怎么驾驭这艘超级航母呢？

肩负重任，R&A扬帆启航

早在2003年，财经体系就开发了报告平台，但由于缺乏架构规划，多年下来缝缝补补堆叠了两千多个补丁程序。不断的无序建设，一方面导致核算效率非常低：每到结账之时，账务的同事们就要连夜加班，一线财经人员也是"人拉肩扛"式收集、上报数据，各经营单元的月度经营总结会总要推迟到次月月中甚至下半月才能召开，被戏称为"追悼（倒）会"；另一方面数据逻辑辨识异常困难，面对业务部门的质疑，财经人员经常自己也解释不清数据是怎么算出来的。核算与报告已经成为财经的心头之痛！

2005年，华为财经管理团队到IBM总部拜访学习，其报告分析平台让现场的财经高管大开眼界。公司CFO孟晚舟回忆起当时的情景时说道，正是因为看了那场演示才让她决定将R&A（报告与分析）

作为 IFS（集成财经服务）变革的重点项目。

经过早期的探索和预研，项目组和顾问提交了一份报告：要想建成 IBM 那样的"仪表盘"，需要一个强大的核算与报告平台来支撑，但华为当时的核算与报告能力无法匹配业务的快速发展，要满足未来的管理诉求只能弃用现有平台，按照全新的架构重新规划和建设。

核算与报告平台是财经业务的基石，推倒重建无异于在快速奔跑的汽车上更换发动机，这意味着巨大的人力、财力投入和切换风险。IBM 顾问保守估计，以华为的体量和业务复杂度，重建要花费数亿人民币，开发周期至少要在三年以上！

财经领导的变革意志坚定不移：满足 R&A 变革的关键资源和预算需求，重构华为财务核算与报告平台！

2009 年底，R&A 全面扩编：账务、经营管理、流程 IT 等部门的核算方案专家被点将至项目组，又从海外抽调一批业务主管负责需求的识别和沟通。那时，我还在负责欧洲的财经工作，也非常幸运地被调入项目组。

迷茫中苦寻方向

这是一支超豪华的阵容：副总裁一人、总监级主管七人，五十多名项目组成员清一色都是资深专家，来自 IBM 的高端顾问十余人。

然而项目初期的运作非常不顺。一方面，核算业务涉及公司所有领域，核算结果事关各方切身利益，站在不同角度对核算的理解和诉求全然不同。另一方面，由于大批核算方案专家被抽调至项目组，团队不得不同时面对周边业务部门的大量临时需求和长期方案而无法聚焦，一时间深陷各方博弈、疲于应对之中！在加入项目组三个月后，我被指定成为 R&A 第四任项目经理。此时的项目进展内外交困，临阵换将，士气受挫，整个团队都陷入了迷茫。

是该向"左"走还是向"右"走？

财经的数据来自上游各环节，但公司早期的业务交易系统缺乏整体规划，数据分散的情况非常普遍，导致财务在末端核算时要面对大量的数据"清洗""转换"甚至"再造"等问题。

公司组织庞大且结构复杂，核算规则多且变化大，要满足各个领域、各个层级的管理诉求，又需将核算的维度和颗粒度大幅延展，这对核算能力的建设提出了极高的要求。

是先抓源头还是先建能力？项目组从专业角度分析认为：虽然财务数据的质量受源数据的影响很大，但要解决源数据问题就得说清楚问题在哪里。因此，必须得先构建起财经体系自身核算与报告的能力，理清数据加工的逻辑，同时建立数据质量的监控能力，进而推进前端数据质量问题的解决。

新上任的项目组领导李华也亲自参与了变革策略的讨论，力排众议将项目重心放在了核算与报告能力的建设上，把项目组从"鸡生蛋、蛋生鸡"的死循环中解脱了出来。

方案设计，抽丝剥茧

策略定下来之后，就进入到方案设计阶段。什么样的核算与报告平台既能满足各种复杂规则下的报告需求，又能快速适应规则的变化，同时整个架构还要稳定，其难度不亚于让大象迈出轻盈的舞步，项目组按照顾问建议设立了四个专题组，齐头并进。

一是核算规则组。几个核心成员似乎是专为核算规则而生：毛智工作细致、思维缜密；卢震活脱脱一部核算规则大字典，每行每段产生于何时何地都能信手拈来；姜峰头脑机敏，做事干脆利落如同一把快刀。核算规则的梳理是平台建设的基础，而其本身又承载了管理导向、利益分配等诉求。他们耗时一年多，通过跟各个业务领域不断地澄清、说服，输出了一套完整的管理核算规则。单是为了"责任中心"方案定稿，他们三进财经委员会、两上EMT（经营管理团队），每一字每一句都经过反复推敲。规则小组对IBM业务实践的研究之透彻，连IBM顾问都感叹，从来没有对自己的管理规则做过如此系统的分析和总结，相当一部分文档被"老师"带回作为参考。

二是报告设计组。财务数据核算出来之后如何向用户展示，如何应用数据分析定位经营管理中的问题进而支撑决策，是这个小组要回答的问题。来自GTS（全球技术服务）的翟永辉虽然并非财务专业出身，但多年与客户打交道的经验让他更能理解用户真实的需求，他带领着刘沫、李贵旭等财经专家，从庞杂的用户需求中提炼总结，最终将报告需求明确为两大类：1. 作为公司权威数据发布出口的标准报告，根据财务主题和业务领域组合需求共开发了八大类近两千份表单；2. 由用户自由选取维度和颗粒度组合而成的自定义报表，用于日常经营分析和决策。

三是集中了几乎全部账务核算方案精英的报告解决方案组。由干练犀利的资深账务主管金宇红带队，辅以陈金水和胡栋梁两位青年才俊。该组负责所有核算方案设计，要把每个科目、每个维度生成过程中的每个步骤都描述得一清二楚，任何瑕疵都会导致"失之毫厘，谬以千里"的后果。在顾问的引导下，他们发明了一条流水线式的数据加工方案，实现了核算报告平台的结构化、模块化、可配置和可插拔，这项伟大创举被命名为MCA（合并抵销与管理核

R&A 业务方案宣讲——"中外双簧"

算)。MCA 的出现，使过去几千个数据加工程序被提炼为十三个可重复调用的数据处理功能模块，实现了财务数据生成过程的工序化、透明化，数据结果可追溯。规则配置化后，管理政策的变化只需要通过参数配置来实现，大幅提升对业务的响应速度，降低系统的运维成本。

最后一组是 IT 团队，他们从立项初期就参与各个方案的设计，这些"脑洞大开"的业务方案也给 IT 团队在系统实施阶段带来了超乎想象的难度。

在方案设计的过程中，项目组如抽丝剥茧般梳理头绪，拨开层层迷雾，终于在 2011 年底看到了胜利的曙光。

交付：亮剑

面对这样一套难度、规模、质量要求都史无前例的、堪称世上最复杂"仪表盘"的需求，几家全球顶级的软件厂商都表示现有产品无法满足，即便在未来的版本规划中也不能保证。

既然买不到，就自己开发！凭借初生牛犊不怕虎的冲劲，项目组决定即使刀山火海也要闯一闯，还给自己套上了一个"紧箍咒"——一年上线。

坦率地说，当时确实有点冲动。一是因为BI（商业智能）技术在当时的应用并不多；二是项目组在这方面的积累几乎是一穷二白，一开始甚至连要投入多少开发资源都算不清。

开弓没有回头箭，项目组在技术和资源都没准备到位的情况下开始"裸奔"了，但很快就受到了冲动的惩罚：第一个版本延迟交付两个月，且出不了报告。有人在总结大会上说："我见过乱的项目，但从来没有见过这么乱的项目……"

就在项目组一筹莫展之时，公司CFO孟晚舟向业务与软件产品线"借"来了顶尖架构师劳玮。为了快速培养专家梯队，项目组让劳玮挑选四位弟子亲自调教，并专门安排了一场拜师宴，最后所有到场的主管也纷纷要求拜师学艺，"劳大师"的称号从此流传开来。劳大师丰富的大型软件设计和开发经验给项目带来了急需的架构设计和软件交付管理方法，在整个交付过程中发挥了中流砥柱的作用。

公司流程IT部也开始高度关注这个项目，IFS项目群中的IT经理张印臣亲自挂帅负责R&A项目的实施。这是一位主导过全球ERP

软件车间的"大喇叭"

（企业资源计划）实施、OTC（机会点到回款）开发等大型IT系统交付的悍将。他带着司小康、张兴锐、熊大红、张明仕和陈曦等一大批技术骨干投入项目，开发资源也从几十人迅速扩张到近五百人。

2012年底，A2区域的办公位已不堪重负。项目组临时搬到了生产中心三楼一个闲置的厂房内，空旷的大厂房里齐刷刷坐满了几百号人，场面颇为壮观。系统交付到后期要做模拟压力测试，需要把项目组成员全都组织起来上线操作，模拟业务高峰期的数据流量和瞬时压力。可是厂房空间太大，很容易扩散说话声。秘书灵机一动，搞了个大喇叭过来，测试组长罗丽梅从大喇叭里"狮吼"出一道道操作指令："开始登陆""点击Dashboard（仪表盘）"……所有人随着指令迅速在系统中进行各种操作。"报告班长，登录不进去！""我的也卡了""通了！通了！"……回忆起那些寂静的夜晚，大喇叭传出的指令和此起彼伏的通报声相互交织，热闹非凡，很有一番南泥湾大生产的感觉。

说起压力测试，就不得不提"胡子"的故事：何以明志，唯有蓄须。70多年前梅兰芳这么做是爱国，70年后的刘潭仁这么做则是誓破楼兰！性能问题久攻不克，平台技术组的负责人刘潭仁急得四处冒火，在上线前的动员大会上登台表态：性能问题不解决，我不刮胡子！

胡子的变迁

好事者留下他在性能攻关几个月里的锐变：最终常用标准报告 90% 在 15 秒内打开；明细报告 72% 在 3 分钟内下载完成；数据追溯性能 70% 在 30 秒内实现；综合性能相对最初提升了 50%。他兑现了自己的承诺。

交付实施团队在这一年多的时间里，共计输出设计文档 40000 页，累计执行调度作业 24000 次，创造了多项 IT 交付的历史纪录，并有两项技术发明获得了国家专利。

上线切换，48小时鏖战

历时三年，这个凝聚多方智慧和无数人心血的"仪表盘"终于要问世了，项目组给它取名为 iSee（集成统一财务信息系统）。

2013 年 3 月 22 日，被确定为 iSee 切换上线的日子。这是华为财经历史上规模最大的系统切换，切换完成后公司的财务数据将全部从新系统产生，切换过程有任何闪失都将导致财务报告无法正常发布。只能成功不能失败！

为了确保这一天平稳上线，项目组放弃了元旦、春节休假，对系统的功能、性能进行了密集的验证，共投入 2800 多名财经人员参与测试，测试用例 4 万多个。

上午 10 点，项目组要做切换前最重要的一项决策：主数据是否重调？前期在系统初始化过程中已经将主数据装入了系统，但由于各种原因产生了一些垃圾数据。一部分同事认为，主数据清空重调，耗时太长，且存在不确定风险，建议只对发生变化的部分进行局部调整。而另一部分人坚持必须清空、重调最新的数据用于结账和报告，否则现在产生的垃圾会造成数据污染，将长期影响系统运行，清理代价巨大而后患无穷。

双方各执一词，平静的办公区一时变得很热闹。我让大家冷静下来，请专家们从技术角度对系统调度功能进行举证，得出的结论是功能可靠：为保万无一失，可以将现有数据做好备份，一旦出现意外再退回执行原方案。最终，项目组决定采用重跑方案，给 iSee 一个清爽的开头，绝不辜负大家这四年的奋斗，不给 iSee 切换留下遗憾！

晚上 8 点，共享中心的同事开始上线操作。23 日凌晨所有结账数据提交完毕。待交易数据导入完成，已是凌晨 4 点半。紧接着主数据启动重调，下午 3 点主数据重调完成，数据检查结果表明这次调度非常成功，数据质量非常好。最后一环是集团结账，强大的数据加工生产线此时派上了用场，一个个主题的数据被加工出来，业务人员在一旁立刻展开检查校验。

24 日早上 7 点，所有数据终于装载运行完毕，系统上线圆满成功。

致我们激情燃烧的青春岁月（前排左五为作者）

全面开启财经数字化建设

随着 iSee 平台的成功上线，财经业务开启了新的篇章。我们也可以跟 IBM 一样，打开"仪表盘"就能随时查看公司的运营状况。

新的核算平台大幅度提升了财经体系自身的数据核算能力，集团报告发布周期从六天降为五天，每年新核算需求的实现周期从五个月缩短到一个月，同时也具备了对前端数据源质量的分析和定位能力。

iSee 平台上线后，R&A 业务团队整建制保留，负责平台的持续建设。在之后的几年里，项目组对 iSee 的基础数据不断扩充，同时持续引入新的数据分析和数据挖掘工具来强化数据应用。2015 年在资金领域我们首次引入大数据技术来预测集团中长期现金流，准确率达到 95%。

虽然 R&A 变革已经过去了四五年，但每每回想起当年的情景依旧让人心潮澎湃。很多项目组成员都说这个项目对他们不仅是一段工作经历，更是人生的历练，大家不仅仅拓展了专业能力，更磨炼了自己的意志和性情。

于我而言，从一个科班出身的财务主管，一脚踏入如此复杂的业务变革和 IT 交付项目，也经历了一场从头到脚的彻底洗礼。是这个项目教会了我穿透技术和业务方案的表象紧盯变革最终目标；更教会了我要知人善用，开放胸怀，把一大群专家、"大拿们"团结起来，齐心协力完成公司赋予的使命。

R&A 让我们成为一群烧不死的鸟！

（文字编辑：黄海强）

心声社区 华为人的沟通家园　部分网友回复——

把字刻在石头上：

虽然没用过 iSee 系统，但是想起公司业务体量这么大、这么复杂，有这样一个能反映公司经营状况的 IT 系统，其实现过程必然是曲折痛苦的。中外双簧、大喇叭、胡子的故事都挺有趣的。为这样的团队点赞！

呆鹅：

又想起了当年和兄弟们在 A2、A9、A8、生产中心等各个场所通宵干活的场景。那时候 10 个人的会议室要坐 40 个人，有的人进进出出还得站起来让路，甚至生产中心计划厂房改造之前腾出来的空间也让我们临时搭建成办公场地用了。

s00246793：

回首往事，感慨万千。再看今朝，豪情依旧。当前仍然有很多当年的同事们奋战在 iSee 上，向这些同事们致敬！

Nkyoyo：

iSee 是功能超级强大的系统，如果没有 iSee，信用云图也不会产生，文章中有好多熟悉的名字和亲切的面孔，点赞 iSee 的团队伙伴们！

永远飞翔的鸟：

业务做好信息收集和传递就好，财经专业的事情财经部自己要负起责来。

从"一分钱"开始

作者:陈栾平

我对会计的认识始于"一分钱"。

2009年,我来到阿根廷,开始了第一站的海外生活。主管看着充满热情却啥都不懂的我,摇了摇头。"ERP(企业资源计划)系统中有张发票,客户回款比发票金额少了一分钱,你看看怎么解决?"

我完全不知道如何下手,主管提示说,看一下是否符合做小额清理的条件。我一查是客户少付了一分钱,且是合同下的最后一笔款,可以做小额清理。折腾了半小时,我才在系统中做好一分钱的虚拟收据,归到营业外支出中,提交给主管审批。

为了这一分钱,我急得满头是汗。主管语重心长地说:"这不是吹毛求疵,而是严谨,如果未按流程操作,很可能导致账务逻辑出错或内部业务遵从存在问题。失之毫厘,谬以千里!"

我用力点了点头。然而,在之后的八年里,我才慢慢读懂了其中的深意。

如何练就一双火眼金睛

2010年1月1日零点,我迎来了人生中的第一次年结。

我踏入"作战室",只见每个会计都守在电脑前,按照已经制定好的结账计划,各就各位。先是应收会计完成所有发票、回款录入核销;而后是应付会计完成供应商款项支付,结平关联科目,然后完成收入、成本、存货、固定资产等数据定稿,移交总账生成财务报告;每个步骤都必须卡点完成。看到大家紧绷的神情,我也不由地紧张起来,像蓄势待发的运动员,铆足劲,决心要交出一份好成绩。

我负责C国收入成本的结算,有两个子公司,两套账,数据源涉及十几个新老系统,手工账特别多。弄到当天晚上快12点了,服务成本科目还是不平。差异无法找到,就无法关账。经过了一整天高强度运转,我已经极度疲劳,根本找不到蛛丝马迹,那一瞬间,快要崩溃了。

我一遍又一遍检查自己处理过的交易,实在查不出毛病。时钟滴答滴答地走,已经影响总账一个小时了,总账不停催我。怎么办?不争气的泪水忍不住往下流。

主管走过来,先跟我说别急,然后开始教我查差异的方法,检查数据间的并集。我静下心来,按照他的方法,终于在一个不起眼的角落,揪住了"罪魁祸首"——Excel宏程序无法识别不规范的合同格式,因而漏掉一个合同交易数据,问题迎刃而解。

我意识到,自己焦虑情绪特别重,慌张时容易出差错,而本地同事做账速度虽然慢一点,但很少出错,还不断安慰我"保持淡定"。后来我就学习他们,沉下心来,不断训练自己一次把数据做对。虽然我只是众多结账环节中的一环,但掉了链子,就有可能影响公司财务报告的真实、准确和及时。担负着沉甸甸的使命,一点马虎都不行。

当然,在数字王国里遨游也别有一番乐趣,从看到Excel表一大堆密密麻麻的数据就头痛,到后来能够快速地在若干个工作表中找到最关键的数据逻辑、发现错误，几年时间里，我也练成了一双火眼金睛。

解开5000万美元的"死结"

2011年，我负责墨西哥与中美洲代表处应收核算工作，一天，接到牙买加财务经理的求助：A运营商要被收购，华为和客户有一笔5000万美元的超长期土建欠款没有收回。

我匆匆赶往牙买加。项目是2007年签的，可2009年完成验收后，客户称网络交付没有达标，未按合同约定付完验收款。"你有办法吗？"财务经理满面愁容。

说实话，项目已长达四年之久，不少单据丢失，要找双方技术部门补回来，难度很大。我每天来到客户办公室，与应付专员对账。没想到，一个月后，客户CFO（首席财务官）称为满足内部需求，希望华为先按系统中的"应付余额"签字，之后再继续核对。但华为"应收余额"和客户"应付余额"间，存在好几千万美元的差异，正是双方有争议的地方，财务经理自然不能同意，客户CFO下令中止对账工作。

就这么放弃吗？这每一分钱，本应该是公司实实在在的纯利润啊！思前想后，我想起客户CTO（首席技术官）性格直率，比较友好，而且回不了款的深层原因是交付争议，于是请他帮助说服CFO继续支持对账。

"要不你们先弄清楚每个站点的成本吧？"CTO解释道："我不是故意找碴儿，而是我们按照站点下PO（订单）、验收，需要按照以站点为单位来开票，你们却一直没开出来，结果我们也成了一团乱麻。"

听到客户的真心话，我知道当务之急是将开票和站点匹配出来，于是拍着胸脯打包票："就算我们之间的账乱得像个毛线球，我也会一根一根梳理清楚！"

大话说出去了，必须往前冲。项目金额有一亿多美元，系统中只打包显示了几个大合同，实际上每个合同对应上百个 PO 号。更悲惨的是，华为系统按照内部合同号和流水发票号出具生成对账单，而客户付款凭证中只显示税票号和 PO 号，双方口径不一致，驴唇根本对不上马嘴。时间一长，结越打越多。

要解开眼前的这个"死结"，只能手工做对账单。PO 是以站点来下的，那必须以 PO 号作为切入口，一个 PO 号对应一个站点，有一个初验证书和一个终验证书，对应一张预付款发票、一张初验发票和一张终验发票，踏踏实实地把材料备齐。

对账不是独角戏，必须拉上客户。为此，我每天都泡在客户办公室里，和应付专员们一起拖出那些布满灰尘的箱子，从一沓沓老文档中翻找需要的单据。让我感动的是，好多次客户财务人员陪着我加班到深夜，仅仅是因为被我的认真打动了。

晚上躺在床上，我满脑子想的是接下来怎么做，做梦都在整理数据。经过不断整理台账，我一点一点理清了项目的眉目。为了加快对账进度，我采用了先易后难的对账方案——分终端、设备和土建三大场景对账，先让客户在终端和设备对账单签字，最后再签最难的土建。

历经三个月，对账工作最终完成。按照站点开具的发票，一一对应，这让客户 CFO 心服口服。他有些抱歉地对我说："你真是个有毅力的姑娘，我服你了！"一个星期后，客户顺利回款 5000 万美元。

从相隔万里到并肩作战

当然,需要去拥抱的,除了客户,还有业务部门。

2012年,我们发现,哥伦比亚代表处收入经常调整,存货低周转现象严重,月底老提调账申请。领导派我去核查情况,梳理改进措施。

一到代表处,我就不停地发邮件向业务部门问这问那,要求改进问题,交付主管压根儿不搭理我。那时,我认为业务只顾自身利益,使用系统时不按照流程操作,导致财务在后端不得不花大量时间收拾残局。所以,我没好气地问:"IFS(集成财经服务)上线后,你们为什么老调账,让财务兜底?"充满火药味的话让现场气氛一下紧张起来。

然而,交付主管的回答却出乎意料:"我们支持变革,但现实情况难以立刻完全遵从全球标准化流程,不能一刀切,改进要有个过程。"

我心想,其实业务并不是不讲理,与其坐而论道,不如深入项目提出切实可行的改进建议。于是,第二天一大早,我就跟着项目组下站点,了解每个站点的情况。"这是什么?""DBS(直播卫星)3900。"PM(项目经理)打开机柜,指给我看。"塔顶上尖尖的又是什么?""分布式基站。"我又去仓库盘点,看到了很多产品实物,揣摩它们的体积大小……那些经常在Excel里出现的BOM(物料清单)编码,如今鲜活地出现在眼前。每看一个,我就在心底估摸成本是多少。

几天下来,我对项目有了一定了解,开始和交付主管、物流、开票及IT经理们,坐在一起聊知心话。

"为什么实际归集成本的站点有上百个,可报价站点却只有十来个？收入按照报价站点拆分，成本却跟着实际站点走，这样各站点的收入成本永远都不匹配。""要货计划为什么要快于交付进度？我们仔细读读合同，看看是否签约时就有改进空间？"作为一个财务人员，我从专业视角出发，抛出了一连串的问题，而这些都是他们从未思考过的。听到我的问题，他们恍然大悟：之前管理的颗粒度太粗了，需要改进。

随着一个一个的提问与回答，业务开始愿意接纳我的意见。也是从这时开始，他们才意识到，不规范的处理，会给后端平台带来如此大的工作量。

在这一年时间里，我跟着项目经理顺着全流程走了一遍，在每个与收入成本数据录入的业务环节反复研究案例，总结共性问题，再和业务主管们碰撞思想，好多次争辩得面红耳赤。不过，刺眼的疙瘩也逐渐抚没了。交付主管笑着说："原来按照 IFS 搭建的管道走，业务流就这么顺畅！"

曾经相隔万里，沟通不顺畅，发生过很多争执，如今，面对面地沟通，让大家冰释前嫌，理清了收入业务流程，帮助 PMO（项目管理办公室）实现了自主管理。

一年的支持快结束时，交付同事突然打电话给我："有重要的事，赶紧上楼来。"我一口气从 9 楼跑到 15 楼，走进办公室，发现有一大包零食和一束美丽的鲜花在等着我。他们真诚地说，要陪着我加班，主动了解结账流程。这一刻，我心里美滋滋的。

理清账，才能做好"大管家"

那么，还能离业务更近一些吗？能！2013 年，我给了自己一个新的挑战——担任厄瓜多尔代表处的项目财务。

工作应接不暇，问题像雪花一样飘来。我先带着三个员工，完成了 PFM（项目经营管理系统）在厄瓜多尔的上线，历经半年，把系统和流程的问题解决了。但该国土建项目的经营管理才是最大痛点，不仅交付周期长，涉及勘测、挖沟、埋缆、立铁塔、修路等一系列复杂工序，还要聘请很多本地员工。PFM 切换前，项目已经执行了三年，新系统无法显示切换前交易的详细成本数据。

我暗自思忖，做好台账才能把项目的交易情况弄清楚，可啃这块"硬骨头"不是件容易的事，啃不好也可能崩掉牙。项目金额 1.2 亿美元，数据散落在同事们的大脑和电脑中。为了做好台账，我需要从其他同事那里要数据，还要搜索知识库，甚至外部网站的信息。由于场景和管理需求的变化，这些数据并不是拿来就可以用，要做数据的分析加工，提炼出精华。于是，我经常要瞅准时间"堵人"，从 PMO 及项目经理那里了解项目背后的业务动因。

当各种工作一起砸过来的时候，我有些泄气了。项目的成本数据源实在太复杂，子场景太多。何况这并不是指标硬性要求，要不算了？可这种念头刚冒出来，立刻被自己掐断了：如果连账都弄不清楚，不要说做好项目的"大管家"了，怎么能和经验丰富的项目经理在一个频道上对话呢？最终，精益求精的想法还是克服了惰性。

六个月后，我交出了最全最详细的账本，有汇总、有明细。这本账用数据记录了交易、大事件、风险，为项目组提供了重要参考，即使是新人，也能通过账本迅速掌握项目情况。

然而，仅仅停留在数据层面是不够的。通过分析经营数据，我发现，项目组人力成本高，有服务项分月出现亏损。找项目组核实后，我建议交付副代表合理分配人力，当月就降低了五万美元的成本。到后来，只要代表组织讨论销售机会点时，有财务方面的问题，CFO 就会叫上我。

挖到客户最真实的需求

除了参与交付流程，我也希望参与售前财经设计环节。2016 年，我有机会负责重大项目部战略预备队传统场景作战项目。

第一个呼唤我来支持的是 A 系统部的网络销售解决方案部。Y 客户决心在子网进行固网现代化改造，项目投资大，周期长，土建服务占比高，一般都会采用销售融资的方式，可客户却坚称不借款，不愿做融资项目。

我和项目组讨论投资测算，与系统部财经部门共同解读财报，发现 Y 客户是一个财务上有长远眼光的公司。下如此大的决心建设网络，却为何迟迟不给预算？顺着表面的财务痛点往下挖，发现原因只有一个——缺钱。那么，Y 客户咬牙不借钱的背后，担心的其实是重资产的包袱。

那么，有没有一种商业模式，既能解决钱的问题，又能实现轻资产运作？国际会计准则租赁核算方案的变更，让轻资产运作模式变得极为困难。一个星期过去了，离客户要求给予答复的时间越来越近，我还没有找到满意的商业模式。

我很焦虑，每天紧锁眉头，耷拉着脑袋。直到有一天，我偶遇一位老同事，向他倒苦水的时候，意外听他提起了"网络共享、桥接资源"的概念，这是指两个以上的运营商共同使用一个基础网络，对运营商而言，可以大大降低基础网络投资成本，找第三方来承接重资产，可以实现华为和客户的资产出表。对，就是这个！"共享"

的点子就像黑暗中亮起的一盏灯，让迷途的我看到了希望。

接下来，我找销售融资的同事问了个究竟，又把所有能找的商业模式和融资材料翻了个底朝天，如获珍宝似地读起来；读通了，就找系统部财经部门一起讨论，动手画模式图。

幸运的是，这个方案获得了地区部财经部门、子网财经部门的认可。最终，客户同意一边采用传统模式建网，一边划区对新商业模式启动实验局，项目取得阶段性的成果。我第一次站到了LTC流程的最前端，和一线将士们一起点燃了星星之火。

回首这八年，从"一分钱"起步，到经手上亿美元的项目，从后端的账务，到前端的财经，我始终记着主管的那句嘱托——认真对待每一分钱，要用细心、耐心和责任心，做好每一件事。

八年尚短，我将继续行走在青春征途上，撸起袖子加油干。

（文字编辑：江晓奕）

做最真实的财报

作者：史延丽

来华为，是我人生中的一次"叛逆"。

从小我就是个很主流的人，比如上大学读什么专业，都是随大流，或者听家人的意见；硕士毕业时，家人希望我能继续深造，然后去大学教书，或者做公务员，但我更愿意将理论付诸实践。所以，当时华为来学校招聘，我就自作主张加入了华为——这是我人生中第一次独立做出的重大决定。

对于会计，我谈不上特别狂热，本科和研究生的专业都不是会计，而是税务。可作为应届生，我刚进公司必须到会计部实习，没想到一待就是十几年。我是个做事细心的人，很多事情一定要了解细节，心中有数才觉得踏实。现在看来，这种个性倒正好符合账务"锱铢必较"的特质。

五毛钱、一块钱都不能错

我的第一个职位是费用报销会计。2000年的时候还没有SSE（员工自助报销）系统，所有的费用报销都是纸面单据传递，每个会计的桌面都是单据如山。每天早上，一踏进办公室，我们就要在成堆的单据中翻找出自己需要处理的单据，靠的是运气，拼的是人品。

我们忍无可忍，大家约定好，哪个单据放在哪个筐，哪类凭证传递给谁，做好记录。想法很美好，可一运行起来，发现只要有其他部门的同事来我们办公室走一遭，在筐里搜罗一通，一切又乱套了。

更让人发愁的是，有些员工的单据攒了很长时间才想起来报销，票据丢了不少，剩下的也贴得很乱，发票也五花八门，不符合基本的财务制度。可每一张发票我们都必须对得上，哪怕只是一张公交车票，五毛钱、一块钱都不能错。我们就拿着计算器一遍又一遍地算。最崩溃的是正在算的时候电话进来了，有人咨询你问题，那就完了，全部都要重来。

发现单据不合规的情况，我们要和员工沟通扣减报销金额，遇到对方发脾气，还要安抚他们。有段时间我特别怕给员工打电话，但不打又不行。记得有好几次我和员工核实票据，对方回忆不起来，加上工作压力也挺大，就直接在电话里噼里啪啦对着我爆发了，我心里特别憋屈，忍不住掉眼泪。那阵子真的觉得坚持不下去了：我有必要受这个委屈吗？

我至今还清楚地记得主管的回答，她说："你说得都对，但你想过怎么改变吗？如果因为这个而放弃，那你以后不管到哪里，再遇到困难，第一反应可能都会是放弃。"这席话把我从苦闷和抱怨中拉了出来，从此我再也没去挑什么工作，在每个部门都以自己最大的能量把事情做好。等我做了主管后，我也这样开导碰到困难的员工。其实，在逆境中，成功者只不过比失败者能多忍耐了一分钟、多走了一步路。

后来，我们上了SSE的平台，教员工自己填写费用报销类型、及时报销，再后来开始推行"先付款后审单"，总算把费用报销秩序慢慢建立起来了。如今，员工通过二维码扫码就可以很方便地传递单据，会计处理的时间周期缩短为平均 2.6 天。

回忆起十多年前"大眼瞪小眼""一切皆靠人品"的混沌状态，我们也感叹，这么多优秀的本科生、研究生，投入到费用报销这些看似简单的岗位上，才造就了今天业界领先的 SSE。这些高素质的人才，能跳出问题的表面，更系统地、创造性地解决问题。因此我认为，企业一定要敢投入，给人才以责任和机会。能把简单的事情做出不简单的结果，就是人才。

我要麻雀，你却给了我兔子

2001 年，我被调到了总账务部，每个月的月度财报、每年的年度财报都出自这里。对于很多会计来说，这是会计核算的"象牙塔"，然而当时的总账会计，只能用"混乱"和"崩溃"来形容。

那时海外的财务系统五花八门，有的子公司在 ERP（企业资源计划）中核算，有的在 Peachtree（一款会计软件的名称）中核算，有的在用友系统中核算，还有的是外包给会计师事务所进行核算，不得已，结账的时候，我们只能把所有的数据都导入 Excel。所有的财务报告，包括集团合并报告，都在 Excel 里完成。一个 Excel 表单可以容纳的行数是 68000 多行，我们处理的表单往往用完一个表单上的行数还不够。数据处理还要大量使用函数，因此我们常常自我调侃，总账会计都是打遍天下无敌手的 Excel 高手。

让人郁闷的是，同样一个代码 10010，在俄罗斯是代表某一个业务，可到了阿根廷可能变成了另一个业务。交上来的数据经常一个是

"麻雀"，一个是"兔子"，根本不一样，没法整合。所以我要先建立一个索引，把这些转换成统一的东西，然后用统一的模板再做合并。

合并，在财务上是个很复杂的概念。打个比方，华为技术有限公司（简称华为技术）卖给德国华为，德国华为再卖给客户，但是对集团来讲，只有一笔销售，所以一定要把华为技术卖给德国华为这笔交易抵销，前提是华为技术的账跟德国华为的账要对平。

但那时的情况是，这些账完全对不平。华为技术说我卖了一亿元的货给德国华为，德国华为说，对不起，我账上只记了100万元。这时候就让人抓狂了，我要和德国华为沟通：我明明发了一亿元的货，你为什么只入了100万元？一步步到前端去看，到底中间出了什么问题。

每个月结账，就像"乐透"彩票开奖，一次性通过的概率几乎为零，而所有的问题都必须在13日出报告之前解决。为此，总有几天我们一定要工作到凌晨4点，轮流值守、检查数据，每个人都焦灼慌乱，就连做梦都在想，到底是哪里的逻辑和数据出了问题？

作为账务主管的我，现在有信心说，当年这样的场景现在很少再见到了。经过变革以及多年的实践，我们有了一套清晰的"作战地图"，按小时计，把从结账第一步到最后一步，每个步骤、每个部门做什么，人和人怎么衔接，详细列出来。发现哪个地方"亮灯"，就采用对应的补救措施。未来我们还会把"作战地图"进一步数字化、图形化，让每个人都心中有数。

你们出的财报可信吗？

当时虽然做得很辛苦，但我们的报告经常延迟发布，好不容易拿出的报告还老被挑战。

有一次，预算主管拿到最新的报告问我："俄罗斯的项目已经落单了，为什么还没有算进去？"我当时根本没办法回答，好不容易找到财务经理核实，他抱歉地说："对不起啊，我给你的数据是两个月前的，因为这两个月我没到俄罗斯，还没来得及做账。"

还有一次，我们的报告发布后，不停地有人来找我，说报告数据有问题，有个项目的收入不对。然后我们分析了一下，发现这个合同中的一根光缆竟被拆分成很多的收入，原本项目是亏的，可是这根光缆一发货验收，项目就盈利了。前端给的数据错了，我们不知道，也没有手工调账，结果误导了大家。

那时候我是总账务部的部长，听到大家吐槽，心里很不好受。数据质量实在太差了，尽管很多问题不是我们的原因造成，但报告是我们发布的，大家的第一反应就是财务工作没有做到位。

那么，我们能做些什么呢？思来想去，我们觉得只管算账已经不够了，必须跳出自家"一亩三分地"，于是专门成立了一个十几个人的"找碴儿小分队"，负责审核各个地方报过来的数据，架上望远镜、显微镜，去查前端哪里可能有问题，然后再手工调账。

但坦率地讲，收效不大，只靠财务在后面堵是不行的，这就好比长江水，如果上游水污染了，那下游也没办法。也是从那时候开始，我们意识到，要么痛苦一辈子，要么主动拥抱挑战，到前端去解决数据质量问题，把整个流程打通。

引入外部审计师后，这种愿望就更强烈了。"这么大笔费用你们干什么用的呢？""合同在哪儿？""交付周期是多长？"当时的我们只能看到数据结果，但看不到数据背后的业务，审计师连珠炮式的问题，我常常一个都回答不了，只好到处打电话"骚扰"业务部门。

那时候，审计师要在我们提供的财报初稿上做出大量的数据调整，有些差异连我们自己都不明白为什么要调整，甚至连财务报告的附注，都是审计师帮我们写的，因为我们完全不知道应该从什么角度、以什么样的尺度来陈述我们的财报。我至今还记得，2001年集团财报审计完成后，我连续花了两周的时间才搞清楚所有审计调整业务的原因及数据逻辑，当我用整整一天的时间敲完长达四十多页的审计调整说明后，才发觉胳膊都酸得抬不起来了。不过，我也松了口气，再也不用担心第二年没有人讲清楚这么多审计调整的原因了。

IBM顾问手把手教我们"共享"

痛定思痛，不变不行。从2005年开始，账务陆续规划了一系列的变革项目："新四统一"项目，搭建全球统一的会计政策、核算流程和COA（会计科目表）体系；海外ERP实施项目，统一海外核算系统；共享海外的核算组织，七大共享中心相继成立……

这些变革项目，只有经历过的人才知其中的艰辛。就拿巴西ERP实施来讲，先后反复了四次才最终成功上线。2005年首次启动时，通过对当地会计及税务遵从政策的详细分析，我们发现公司统一的ERP系统无法支持当地遵从要求，必须新建ERP，独立支撑，可由于当时公司IT系统架构管理和业务管控要求被搁置了很长时间。2006年账务主导实施了当地核算软件MICROSIGA（一款会计软件名称）系统，但又因为核算维度、核算颗粒度和业务流程不匹配，不能支持内外部的管理要求，于是又启动了第三次、第四次。一波四折，2011年4月，在业务、IT、财经和账务的共同努力下，巴西

ERP 系统才最终成功上线。热泪盈眶的不仅仅是当时的项目组成员，还有此前六年为之奋斗的所有人。

在海外 ERP 实施的同时，海外核算组织的建设也被提上议程。还记得 2005 年，在一个偌大的会议室里，IBM 顾问声情并茂地阐释了"共享服务的概念"。他说，这是将原来分散在不同业务单元的财务和人力资源管理等活动分离出来，由专门成立的独立实体提供统一的服务。像福特、惠普、IBM 等知名跨国企业设置的财务共享中心，就可以向旗下所有的企业提供高质量、低成本、一致性的财务服务。

听完顾问的介绍，我们面面相觑，完全惊呆了，甚至连问题也问不出来。这种共享中心的作业场景，已经远远超出了我们的认知。隔着千山万水，我们怎么去了解子公司当地的会计准则？申请人不能亲自把发票送到会计手中，弄丢了怎么办？没有财务在身边提供不间断服务，业务人员怎么办？

好在 IBM 顾问不厌其烦地、手把手地把我们带进了"共享服务"的世界。我们惴惴不安地开始了七大账务共享中心的建设。后来，我也有机会负责过中国账务共享中心和阿根廷账务共享中心，慢慢对"共享"有了自己的理解：账务共享中心就像一道坚固的大坝，把相似的业务放到一起以便高效处理，既可以起到监督、控制的作用，又能节约成本、提供更好的服务。从制度设计来说，共享中心直接受机关管理，保持独立，因此能呈现相对真实的数据。

经过多年努力，华为海外业务的管理走出了"青纱帐"，实现了数字化管理，只需鼠标一点，大西洋彼岸的维多利亚岛的一个订单，就能进入深圳供应中心，进入流程化处理。而七大共享中心利用时差的优势，"日不落"地循环结账，以最快的速度支撑一线及时获取经营数据。

账务的手和业务的手握在了一起

ERP 实施和共享之后，账务有了统一的 IT 和组织，但我们和业务仍然没有拥抱在一起，账务仍然解释不清楚数据背后的业务逻辑，业务也不关心账务的诉求，各种问题还是层出不穷。

比如，我们跟客户签订的协议是一亿元，系统注明我们已经发了价值一亿元的货，本来财务要给客户开一亿元的发票，收回一亿元的应收账款，可客户后来做了合同更改，只收了三千万元的货，业务却没有做合同更改，系统里留的还是要收回一亿元的记录。作为财务，我们要还原真实的利润，每个节点都要一遍遍去问，是不是要做合同更改？项目关闭后存货是不是处理了？分包商的预付款是不是该收回来？大家都很痛苦。

还有一次，任总去拜访沙特的客户，临走时，客户满脸疑惑地问："华为公司为啥只干活不收钱？"任总把原话带给财务，没有批评，没有点评，就是这句话让整个应收团队抱头痛哭。实际情况是，货从国内发到沙特华为，沙特华为再交给客户。我们要先和客户谈好单价，然后再根据每个站点实际使用的数量来算要开多少票、回多少款。可我们做完了交付，没有和客户一个站点一个站点确认数量，等开票时傻眼了，不知道数量是多少，这票怎么开？

2007 年启动的 IFS（集成财经服务）变革，让我们从泥沼中拔出脚来。IBM 的顾问帮华为搭建起财务的作业体系，就像修了一条自来水管道，让每个业务人员知道自己的哪些动作要被记录，哪些信息要传递给财务并体现在财务报告上。这些业务流和数据流，只需要沿着既定的管道往下流就可以了。当然，业务知道了每个节点的要求还不够，由于没有涉及具体的规则细节，数据质量问题还是没有得到很好的管理。也就是说，自来水管道虽然建好了，但是里面流的是脏水，这就衍生出 2013 年底公司推行的财报内控项目——我们引入了 KCFR（财务报告关键控制）概念，从财报结果往前看，梳理出影响财报结果的前端业务流程关键活动，建立起相应的测评指标，联合业务一起例行监控、改进，逐步落入到前端流程，业务的语言和账务的结果建立起了关联。

也是从这个时候开始，业务的手才终于和我们的手握在了一起。业务开始明白，财务报告不是财务一个部门的作品，而是公司所有人共同的作品，他们任何一个不经意的动作都会对财务产生影响。他们主动跟我们一起解决问题，想办法在前端业务设计时，满足我们的诉求，一起做出全世界最真实的财报。

"报告每提前一天，价值一个亿"

记得公司有位领导曾语重心长地告诉我们，"财务报告的提交时间每提前一天，价值可能是一个亿，因为它把所有人的眼光从过去带到了未来"，公司可以更快决策，抓住未来的机会。

从一开始没有财务报告，不知道到底赚多少钱、亏多少钱，到后来每个月财务报告"难产"，业务跑了一半还不知道上个月做得怎么样，再到如今五天发布报告，随时可以从电脑或手机上查看经营报告，我们可以小小骄傲一下：华为依托账务共享中心所提供的会计核算与财务报告服务，代表了行业的最佳水平。

还有更多沉甸甸的数据：单张发票处理的成本下降 75%，审计调整率降为 0.01%；自从 2014 年推行财报内控以来，我们共监控前端各类不合规数据 78 亿美元，避免资金损失 9.45 亿美元……

更重要的是，通过一系列变革，我们埋下了"种子"。参与变革的骨干有了在业务流中拉通、集成的意识，能够持续不断地根据我们的痛点，修复业务流程的断点或不顺畅的地方，这成了我们最宝贵的财富。

忆往昔峥嵘岁月，望未来任重道远

回首过去，账务组织与公司共同发展，历经艰辛与磨难，收获成功与经验，攻下了一个个城墙口。账务组织这么多年来的进步和发展，是几代账务人持续奋斗、勇于创新的结果，也是华为公司拥抱挑战、砥砺前行的缩影。

展望未来，公司规模持续扩大，新业务、新领域、新商业模式层出不穷，如何准确反映业务，高效支撑业务成功？如何确保规模增长下的财报稳健？如何真正实现敢于坚持原则，并且善于坚持原则，在服务中做好监控，支撑业务成功？如何还原一本最真实的账，助力业务"多打粮食"，成长为ICT（信息和通信技术）行业最佳账务实践组织？这一切都需要我们一起去找答案。我们唯有不断拥抱挑战，才能走得更远。

（文字编辑：江晓奕）

部分网友回复——

z00414137：
繁复无涯尽相似，鸡同鸭讲难同心。
不畏艰险勤耕锄，拨开乌云再前行。

大海未见：
面对国际会计准则的不断更新，华为新业务场景不断涌现，所在国家对华为监管越来越严，资本市场对华为财务透明度的要求也越来越高，这些都对账务持续进步带来强大的挑战。面对征程，我们没有停下休息的理由，路漫漫其修远兮，吾将上下而求索。

Fatfish：
作者所站的高度和视角，解释了很多我这个小螺号以前不解的疑惑，为什么会有 SSC（共享服务中心），为什么会有财报内控，为什么账务服务的最终目的是为了帮助业务，一路艰辛，读来好感动。

黄老虎：
账务是一个朴实、稳重、专业和独立的组织，是一步一个脚印走到了今天。回想 2006 年第一次在我们区域推行 ERP，数十人为了上线在办公室通宵达旦录入数据，分包商为了拿钱守在我们电脑旁焦急地等着。现在都走过来了，有了当初的艰辛，才有坐下来谈财报的今天呀。

远方的那一片云：
遥想当年，在海外，罢工、宿舍停电，大家只是抱怨财务不付钱，但实际情况是财务人员连发票都没看见，代表一问，大家都面面相觑，都不知道什么环节出问题了。后来在 C 总的带领下，用 Excel 管理供应商发票的各个环节，明确各个部门职责，现在供应商发票的管理也是非常超前的了吧。

倾我：

很真实，很感人，没有用心经历的人是写不出来的，没有能够更早参与到这个伟大的建设过程中真的有那么一点小小的遗憾。看到整个 AR 团队抱头痛哭的那一段感触最深，进入华为六年，我依然清晰记得 2011 年中国区的对账是什么样子的，XX 代表处 XX 系统部客户的合同号跟华为合同号没有任何对应关系，除了翻阅凭证根本没有对清楚的可能。那个时候作为一名刚入职的小会计非常迷茫，唯一的方式只能是耍"小聪明"，利用各种凑数工具，搜索关键字，按金额 VLOOKUP（Excel 中的纵向查找函数）进行匹配等方式进行核对，那是我在华为的第一个通宵，整个明细账对完之后仍然有八笔明细在客户侧找不出来，只能去找客户翻查凭证。这还不是最悲剧的，最悲剧的是半年后随着我与客户和回款经理的关系越来越好，一次酒后客户竟然跟我说他那里有完整的对应关系表，他拿出另外一个电脑（办公室有五台笔记本电脑我也是醉了），翻出一个 Excel 表格，我傻了，我的通宵全都是白熬，人家的表格里面清清楚楚地记着每一个合同与客户项目的对应关系。那一刻我明白了我们财务人员不能只坐在办公室里面，我们也要有自己的客户关系。那一刻我才发现我们的数据源管理和信息的端到端集成是多么的重要，现在回想起来那个时候要是有财报内控该有多好啊。

责任的重量

作者：郑爱珠　陈　雁　文泽菊　徐　爽　陶乃辉

【编者按】

在华为，有一群账务人，把"真实"当作自己的生命：他们为恪守实事求是的原则，铁面无私，不怕得罪人；他们像着魔一样磨炼技能，因为付款无小事，一分钱都不能错；他们心细如发，不放过任何蛛丝马迹，只为还原一本清楚账；他们蹲守各地，捋清超长期欠款，给公司挽回损失……

他们没有惊天动地的故事，却有一种引而不发、绵绵不绝的沉静力量。十年如一日，不苟且，不应付，不模糊，靠的就是责任心。

不论是过去人手一个计算器，手工处理纸面单据的时代，还是现在全流程端到端拉通、"与机器共舞"的时代，责任心始终如金子般闪闪发光。

责任的重量，积蓄成前行的力量，兀自流淌，涓涓滴滴，虽不事张扬，却自带光芒，虽不惊天动地，却隽永深长……

做乱世中的"定海神针"

我大概算是华为公司的第一任出纳。

公司刚成立时，任总就几次三番邀请我老公张中石和我来公司。当时，我们的思想斗争非常激烈，在贵州黎阳我老公是中层干部，享受着优厚待遇，上有老、下有小的现实生活，不允许我们轻易放弃"铁饭碗"。

任总给我们反复分析改革开放的前景。我们想，人还是要把命运掌握在自己的手中，做最有前途的事情，而最大的吸引力莫过于理想的召唤。为此我们做出了这辈子最重要的一个决定，跨出了终生难忘的一步。

1989年2月4日，我们毅然舍弃"铁饭碗"，携儿子踏上赴广州的火车，在空空的车厢里度过了除夕夜；2月6日（农历大年初一）中午，就到深圳市华为技术有限公司报到了。当时我们把家里的全部积蓄8000元交给了任总，任总又赠送我们7000元，合计15000元，这就是我们在华为公司的原始股。从此，我们把全家的命运与公司捆绑在了一起。

当时公司只有三个部门，研究生产部、市场部、办公室。我大学学的专业是精密仪器仪表，到这里专业不对口，但任总很信任我，把管钱的任务交给了我。当时自己深感责任重大，但我没有推脱。

那个时候公司还没有财务政策，我就秉承一个原则——不管你的地位有多高，只能实事求是。有些市场部的同事比较大大咧咧，贴票之类做得很粗糙，我始终坚持实事求是，严把关。记得有一次，有个公司领导出差回来，把口袋里所有的乘车、住宿的票据一股脑儿掏出来，让我帮忙贴票。他当时也是无意，把所有票据都给了我。我就一张一张仔细核对，发现里面有一些私人的发票，比如孩子的学费、书费之类，就全部挑出来，跟他说："这些不能报销。"他笑着说："好啊，你管钱肯定管得好，我们的你都敢不报，那别人肯定更不敢报了！"

电脑普及前,我们都是手工做账,我每次都会一丝不苟地帮会计校对,收多少钱,付多少钱,记得清清楚楚,务必做到一分钱都不差,财务报表出得又快又准。特别是付出去的钱,必须要我签字盖章才行。

到了1991年办公有了电脑,公司安排甄晓华与我们一起自行开发财务出纳系统,包含材料进货、收款、出账等,把效率提上去。我这个完全不懂电脑的"文盲",也硬是被逼上了马,拼命学习,掌握技能。

有了出纳系统,提高了效率,但数据的准确性和及时性都离不开人的责任心,当年的电脑数据都是我亲自一笔一笔审核的。

回过头看,如果说华为有什么优良传统的话,财务算是一个。从华为创立以来,我们就一直恪守真实性这个原则,以前靠的是责任心,今天靠的除了责任心,还有越发完备的流程和机制。尽管我已经退休了,但看到公司发展得这么好,我心里满满的都是骄傲。

〔郑爱珠,1989年加入华为,曾任华为公司出纳、香港华为财务部出纳,2004年退休。〕

付款无小事,每一分钱都很重要

1998年,国内银行还很落后,每个月发的员工工资都是出纳从银行取钱后,一张张钞票清点出来,然后送到每位员工手中。

为保证公司几千名员工在每月15日准时领到薪水,点钞快速精确,记账、算账准确,成了出纳基本的技能要求。作为一名出纳新人,我从最基础的单指单张点钞和心算计数开始,像着了魔一样练习,吃饭不忘讨教,做梦都在点钞,慢慢琢磨出自己的心得:新钞紧实,手指蘸点水较易捻开;新钞和折边钞容易卡点钞机,点钞前先理钞;

记数与清点同时进行，点数速度快时，采用分组记数法……

每个月 15 日是我们最繁忙的一天。生产一线在西乡办公，我们要清点、分装好现金，赶往西乡送到员工手中，其他的就由员工来财务室领取。一整天，财务室此起彼伏的都是"唰唰唰"的点钞声、"叮叮叮"的计算器键盘声。我们手不停歇地点钞、发放、核对、盘点、入库，确保账实相符，还要经常回复员工咨询工资的电话。

看着长长的队伍，还有员工们满眼的期待和喜悦，我们不由得加快速度。直到把工资一分不差地送到最后一名员工手中，我们大家才算松了一口气，此时才发现自己已经嗓子沙哑，手臂酸痛，手被划破了好些口子，连水也没顾得上喝一口。

那些日子，辛苦归辛苦，但我们一直在思考：有没有办法可以提升效率呢？我们首先想到语音电话，就像电话银行一样，让员工自助查询工资。在公司 IT 的支撑下，大概三个月后，华为自己研发的工资语音查询系统正式启用了，员工凭工号和密码就能方便地查到自己的工资。

然而，这仅仅是一个开始。在与银行的一次交流中，无意中听到对方提起新推出的业务——企业可委托银行将工资付到员工个人账户上。银行代发薪？这对员工来说多方便，省去了排队的大把时间！

听到这个点子，我感觉看到一片新天地。经过对银行代发方案的反复讨论和比较，最终，公司选定中国银行作为合作试点。1999 年 7 月，银行上门给生产线员工办理了第一批代发薪账户。

虽然改成了代发薪，但每个数字的填写，每条信息的核对，我们丝毫不能松懈，因为每个数字背后都是员工辛辛苦苦挣来的钱。拿到当月工资数据后，我们立马开始新的操作：整理数据、检查校对、提交审批、开具支票、加密数据、传递银行……当月 15 日，第一批工资代发准时到账了,每一笔都准确无误,还有员工特地打电话来感谢我们。

工资由银行代发了,供应商和员工报销、付款还有更好的方式吗?我带着思考来到海外一线。当时每天的付款,出纳都要手工填写一沓支票和转账信,然后找权签人签字;转账信需要出纳去银行排队办理,供应商和员工拿到支票后还需去银行柜台办理,效率低,周期长,感觉也不好。

多方探寻后,网银付款方案被"挖"了出来。看着一沓沓的票据转成一条条的电子指令,安全快速地传到网银系统,我心中充满喜悦。

2008年网银全球推行,2010年工商银行和企业直连,2011年SWIFT(环球同业银行金融电信协会)上线,如今90%以上的付款业务都通过电子支付;支付系统从公司成立之初的手工台账、自编的出纳系统,逐步发展成今天的智能支付系统;全球各异的银行结算要点也从以前的人脑记忆、口口相传变成由策略中心管理。

在很多人眼中,付款工作单调烦琐,其实付款无小事,它不仅关联了采购、交付、HR(人力资源)、资金等多个流程,更是面对着供应商、员工、银行、客户、采购等众多内部和外部业务部门和行业单位,只有磨炼技能,修炼责任心,才能更好地支撑业务。

[陈雁,1998年加入华为,曾先后任职于基金部、出纳部、阿联酋账务共享中心,现负责全球支付业务管理。]

离你最近的SSE助手

2008年初,我开始负责SSE(员工自助报销系统)热线项目——

要用最短时间承接处理八万名国内员工的报销咨询。在此之前，报销咨询由不同的会计分散处理。相同的问题，员工问会计A是一个答复，问会计B可能是另一个答复，得不到权威解答，也经常找不对人。而会计经常需要一边审核报销单，一边回复咨询，效率和质量也得不到保障。

没有犹豫，我就和另外一个同事着手干起来！那时我们只知道会计一天到晚要接很多咨询，但从来没有真正统计评估过这很多到底是多少，就无知无畏地申请了"华为员工自助报销系统热线提示"的公共邮箱，把我自己的座机号码作为热线咨询号码，向华为的国内员工公布了出去。

当天，我的座机就成了国内员工报销热线。

"我的出差住宿发票被洗烂了，上面金额都看不清楚了，我该咋报销呢？"

"代表处搬新办公室了，按当地风俗，请当地高僧进行祈福，可以报销吗？"

"办事处行政买了两只狗守护宿舍，这个费用该如何报销？"

…………

各种千奇百怪的问题，只有你想不到，没有问不到的。几个月下来，光"您好"都说了上万次，而我也成了公司费用制度方面的"活字典"。

那时没有案例库，也没有知识平台，财务热线管理完全是"小米加刺刀"的混战模式：我跟同事上午半天和下午半天分开值班，一个接电话，一个回邮件。接到员工电话，我们就在自己设计的Excel表格中登记员工工号和简单的问题信息。简单问题，直接口头答复员工，疑难问题事后回邮件或电话。经常是电话刚放下继而就马上响起来，根本没有喘息的机会。等下班了，抬起头来才发现自己口干舌燥，满脸通红，原来是一个下午都没喝水、上厕所了。

光靠两个小会计是无法支撑公司未来的业务发展需要的，我们必须尽快搭建 SSE 自助服务平台，把员工常见的咨询都搬到 SSE 报销首页上去，引导员工自助查询，快速解决问题。

所以那时白天我们接电话、回邮件，晚上加班总结问题类型，编写系列规范性宣传材料；从员工的视角，设计自助服务平台模块，按照新员工、主管等不同角色编写操作指导和案例。

不到半年，我们就在 SSE 首页建立了自助服务平台，基本架构一直沿用到现在。2014 年，在 SSE 热线基础上，我们完成了全球财务付款热线共享。经过不断补充和完善，如今 95% 以上的财务付款咨询业务都可以通过 AP 热线机器人自助查询解决。2016 年 SSE APP（员工自助报销系统应用程序）在线咨询上线，员工可以随时随地掏出手机解决财务付款问题了。

2016 年 6 月，国内营业税改增值税制刚刚推行一个月，我们联合税务、IT 部门紧急上线了发票开具信息的手机查询功能。当时我正好出差，离开酒店前结账时，信心满满地掏出手机让酒店给我开增值税专用发票，没想到 WiFi 不给力，一张发票开了 15 分钟还没搞定。我无奈又深切地体会到，有时自认为完美的方案，在实际业务场景中可能不堪一击。在回深圳的路上，我一直在思考如何优化这个问题。一个月后新功能上线，实现快速准确开具发票：支持二维码扫描或邮件发送开票信息给商家，且支持离线查看，这才算把困扰员工很久的发票开具问题给解决了。

这些年 SSE 在梳理制度、简化流程、建设平台上一直在不断努力：充分信任员工，先付款后审核；支持随时随地、手机快速报销；允许员工自助签收后归档；与采购联合优化低值自采流程，统一报销入口到 SSE；电子发票报销……当然，最理想的状态是免报销，为此我们也与行政部门一起大力推行对公结算。

然而，受限于技术手段和资源等因素，AP（应付账款）热线在座席电话支持、案例智能准确定位等方面还存在很多不足。但相信在不远的未来，员工报销或者咨询付款问题时，会有一个像"阿尔法狗"一样聪明伶俐、过目不忘的"财务热线 MM"24 小时提供贴心服务。

我真切地觉得，面向员工，瞄准业务，一点点把事情做好、做到极致，就是最大的负责。

［文泽菊，2006 年加入华为，曾任职于毛里求斯共享中心应付业务部、账务监控部等，现负责全球员工费用管理。］

"掘地三尺"，还原一本清楚账

2013 年，公司决策收购 B 国 C 公司，作为外派的 CA（国家主管会计），我加入项目组，负责财务方面的工作。项目计划非常紧迫：一周内完成现场调查，两周内完成尽职调查和详细整合方案设计；一个月内完成合同拟定和谈判……

迎接挑战的不仅来自时限。当时，投资流程还不成熟，财务方面几乎没有文档指引，尽职调查需要关注哪些方面，收购协议如何评审，整合方案怎样设计，一切都要摸着石头过河。

虽然没有参与过并购，我却经历过切肤之痛：B 国在两年前收购过一家 M 公司，从内部流程到外部遵从，各种问题不断，当时 CFO（首席财务官）和我花了不少精力收拾残局。如果 C 项目做不好，会不会埋下另一个"定时炸弹"？一时间，种种疑问和担心不断冒出来，我越想越焦虑，失眠了……

并购前最关键的是尽职调查，也就是对目标公司做详细了解，为后续方案提供决策依据。但是，在海量的信息中，哪些需要重点关注呢？第二天，我开始研究C公司的财务报表。读着读着，我发觉C公司和M公司的情况很相似。相似的业务也很可能潜藏着相似的问题，M公司的教训恰恰就是我的突破口！我再次仔细翻阅C公司报表和资料，很快锁定了一些调研重点。

为了考虑得更周全，我还列出了近年来发生过并购的国家的公司，逐一询问当地CA："你们遇到过什么问题？"有了这些取来的真经，加上自己的专业判断，我拟出了一份有针对性的尽职调查清单。

四天后，我来到C公司做现场调查，与C公司CEO（首席执行官）和财务人员高效沟通，半天时间基本摸清了财务方面的概况。我手中的信息已经足以完成尽职调查报告了。

但与此同时，一些关键风险因素也浮现出来。最大的问题是C公司从未经过独立审计，内部财务流程控制也比较简单，财务数据的真实、完整、公允性存在风险，这直接关系到收购价格的确定。另外，交割之后C公司的业务整合是一个比调查报告更加复杂细致的工程，需要详尽的信息来支撑方案设计和实施，因此，尽职调查还需要进一步深入。

接下来，我整整两天蹲在C公司办公室，翻阅堆积成山的合同、文档和单据，对C公司管理层、员工、代理会计服务公司、银行刨根问底，终于感觉对C公司报表的各项收支和资产负债情况有了信心，同时也获取到了C公司的银行账户管理、供应商付款、薪酬支付、纳税申报等财务活动的详细信息，和各个领域的专家一起分析讨论。

基于调查掌握的信息，我在后续评审收购协议过程中发现了关键的问题——各方对谈判中的收购报价理解不一致，导致收购价款的金额有较大偏差，而且C公司与原股东之间的债务清偿问题没有约定清楚，这些疑点直接影响我司的收购现金支出，以及税务成本。提出问题后，项目组召集法务、税务、顾问等多方沟通，及时消除了风险。

同样得益于充分的调查，我们的财务整合方案也做得非常细致，且适配性强。C公司在交割后两周内就完成了资金、薪酬、采购、账务等关键流程的平稳并轨，业务运转基本没有受到冲击，内外部遵从风险都得到了有效控制。

回顾整个项目过程，正是对财务数据和流程的严谨态度，指引着我在摸索中步步深入，完成了支撑业务运作、控制财务风险的使命。

［徐爽，2007年加入华为，曾任职于报告中心、罗马尼亚账务共享中心，现为集团报告分析部报告分析二部团队主管。］

"收"回来的真金白银

2015年12月下旬，当我艰难地完成A代表处的对账工作，即将结束270多天的出差生活时，一个电话打乱了我的节奏。

"再坚持一下吧！"出于清理超长期欠款的需要，A代表处提出拉通全省电信再对一次账。望着窗外飘落的鹅毛般的雪片，我的心仿佛也一片片零落。明明一纸机票就可以回得去的家，忽然之间好像隔了望不到尽头的大海。

然而，我比谁都清楚，账对不清楚，将带来回款难、核销不准确、超长期及异常预收款这些老大难问题。如果能够抽钉拔楔，一次性把账搞清楚，后来的人就可以早点摆脱这些问题，公司也能避免更多损失。想到这里，我坚定信念，决心挑战自己。

由于历史原因，A省电信自2010年以来与华为的往来数据基本无法对应，许多老问题被新问题覆盖，问题叠着问题，要还原谈何容易？而且，所有的合同均分布在各个地市，要对清楚账，必须走遍A省所有地市。

我知道，面前似乎横着一座不可逾越的高山，但路是一步一步走出来的。我和共享中心的另外两个小伙伴，立刻开始了全省各地市的实地对账。我们每天早上7点多赶赴机场飞往某地市，晚上11点多回到住处，整理一天的核对结果并准备第二天所需的材料。

在W市与客户对账时，我遇到了一个大难题。由于该客户无专人负责财务，无法直接对账，只能与负责报账的工程师核对。时值年底，他们根本无暇配合。没办法，我开始了守株待兔般的等候。每天一大早赶到客户处，他们忙的时候我就在一旁整理数据，一看他们有点空闲，我就厚着脸皮迎上去核对一两个合同。

这样核对了近三天之后，我意识到了一个致命的问题，工程师完全不看系统记录，给我的数据都是各自在笔记本上记的列账付款记录，准确性无法保证。这让我很不放心，我多次提起这个问题，但得到的回复就是一句话："你不就是对个数字吗，我给你数字不就行了吗？"

是啊，我对的是数字，但这每一个数字代表的是公司一笔笔应收账款，是一笔笔代表真金白银的资金啊！核对一致的数字，我要能保证每一笔都能顺利回款。核对不一致的数字，我要定位出不一致的业务根因，并推动解决，最终规范业务的操作与执行。如果仍用这种低效的方式，怎么来得及？如果数字本身有问题，结果怎么能用？

想到这里，我决定另辟蹊径，寻找快速有效的方式重新核对。幸运的是，我们通过省公司拿到了部分数据。通过工程师现场核对，结合系统数据的侧面验证，我们顺利完成了所有合同的核对与差异定位。经过不断沟通，省公司最终同意例行集中提供全省数据，后续对账不仅可以确保客户数据的准确性，且比在各个地市间奔波的方式更有效率。

2016年，代表处收回了近千万元的客户欠款。我很开心，自己的这300天尽到了职责。其实责任就是把我们日常工作中的点点滴滴做好，在每件事情上再多想多做一点。

[陶乃辉，2012年7月加入华为，曾任职于成都账务共享中心总账业务部，2015年3月加入成都账务共享中心销售核算四部。]

（文字编辑：江晓奕）

部分网友回复——

把字刻在石头上：

这让我想起我的姐夫，之前是个烧锅炉的，因为字写得好，人老实，被厂子调过去做出纳。20世纪90年代那时候全靠手工做账和算盘，我曾经见识过我姐夫打算盘和数钞票的神功！每月发工资做账那几天是最痛苦的，那时候发工资差个几毛、一块，都有人跑到财务科闹。这些年流行这么一句话，认真你就输了！可是我还是认为：世上事，无非认真二字。认真学，认真活，认真爱，认真做事，问心无愧。

T糖糖：

一分一厘都要妥妥地算清楚，再寻找安全快捷的支付方式及时准确支付给供应商或员工，支付人一直坚守在资金安全的最后一道大坝上，深知责任重于泰山。

踏青小妹：

无论手工操作还是机器操作，从来都是外延，"责任心"作为内核一直是基础。

最爱白羊座：

如果一个组织完全依赖人的责任心，肯定是有问题的，还是要有流程制度的保证。所以过去"人拉肩扛"的老故事虽然好看，但不能长久，最终还是要变革、要改变，把简单、重复性的劳动交给机器，把人解放出来，去做更重要的事儿。但反过来说，如果一个组织不重视责任心和使命感的培养，给再多钱，员工也不过是流水的兵，成不了将军，也成就不了百年老店。

春上村树：

不为客户负责，不为业务负责，不为领导负责，只为真实性负责。

世界屋脊上的修行

作者：张心蕊

22岁那年夏天，我给妈妈打电话说，"妈妈，我准备去尼泊尔常驻了。"妈妈什么也没问，只是轻轻笑了一下："你怎么越跑越远了？"

是啊，从家乡小城，到燕园，再到深圳，短派泰国，常驻尼泊尔，我一步步脱离了父母的"控制"。我没有告诉妈妈的是，从参加华为面试的那一刻起，我就奔着海外而来。只是连我自己都没想到，有一天，我会和这个与祖国仅有喜马拉雅山脉之隔的国家，有如此深的机缘。

大学毕业时的我

年轻，不缺的是勇气

2016年6月的一天，进入华为刚一年的我，接到尼泊尔代表处CFO（首席财务官）的电话："愿意来N系统部做PFC（项目财务经理）

尼泊尔加德满都周边的小山

吗？N系统部交付场景复杂，长期亏损，但正是这样的挑战，反而可能让你更快地成长。"

　　做决定之前，我问了尼泊尔同事一个问题：在尼泊尔工作是一种怎样的体验？对方很诚实地回答：环境比较差，压力也大，但是很锻炼人。

　　初出茅庐的年轻人，缺的是经验，不缺的是勇气。我决定：去！

　　7月6日，我从香港飞往尼泊尔。还在香港机场候机时，我就收到了主管们发来的微信。系统部部长说："欢迎来到尼泊尔，要有心理准备，N系统部的错综复杂不是一般人能想象的，到了后多沟通，尽快融入。"代表说："尽快熟悉业务，G项目群场景复杂多变，历史原因带来巨大的经营压力，未来要带着项目活下去，挣钱，长期挣钱，长期安全挣钱。"

　　一个新兵能帮助系统部做好项目经营吗？能帮助亏损的项目扭转局面吗？无论如何，既然伸手接过了接力棒，就要勇敢地迈开步子，跑下去。

"掘地三尺"清历史

　　然而，第一周还没来得及熟悉业务，却被告知，要尽快清理系统部X百万超一年收入开票差异，我有点懵了。

　　这不是一个小数目，收入与开票为什么会出现这么大的差距？是收入进度还是开票进度出了问题？如果是开票问题，是开早了还是开晚了？还是人为开票差错？无数问题萦绕心头。

　　这笔钱涉及了林林总总共80单合同。我在马来西亚共享中心的指导和帮助下，设计了一份包含项目时间节点和开票计划的信息表来协助定位问题。直到这时，我才开始有点领会到，收入开票差是财经逆向监控业务、支持业务成果落袋为安的必要保障；而差异就意味着潜在的风险，异常差异更意味着安全经营势在必行。

  于是一边学习一边优化表格，在问题得不到解答时，一封一封邮件询问，如果邮件没有回复，我就追上门找相关同事求助，一起填表将问题定位关闭。最终还是剩下了八单合同，涉及金额四十多万美元，但当我问遍所有相关同事，大家的回答一致："那时候我还没来，我也不太清楚。"想想也是，2003年我也还在上小学呢。

  找不到人证那就去找物证吧。人是流动的，而确定的数据最会"说话"。我打开这八单历史合同，从合同录入、合同拆分、订单关闭到收入确认各个环节，咨询共享中心核算方案，同步与各个环节的系统管理员查询合同记录，尽管很多已经查不到数据，但是蛛丝马迹仍然帮助我们证明，这四十多万美元是由于系统更迭的历史原因而蒸发掉的，导致收入小于开票金额。除此之外，还收获了13万美元历史维保合同，可以向客户申付回款；60万美元的历史服务收入证书需要向客户获取。

  一个月下来，终于尝到了清理的甜头，也算是迈出了在系统部工作的第一步，我渐渐熟悉了收入和回款相关的场景，也在与不同岗位打交道的过程中，认识了很多与自己有工作交际的人，越来越多的同事愿意找我求助财经方面的问题。刷出了"存在感"后，我开始对全部在交付中的合同进行差异管理，监控项目组的收入和回款。慢慢地，收入开票差的风险管理走上了正轨。

做"行走的数据库"

  "你以后要做的是大规模的Turnkey（交钥匙工程）项目哟。"同事得知我这个"菜鸟"来做系统部 PFC 时说。

　　来尼泊尔之前,我只做过两个月的固网产品项目财务,负责的内容比较单一,而现在要开始管理项目群,包含从站址选择、铁塔到主设备的交付场景,以及无线、传输、固网等多种产品,其中大部分场景都是第一次遇到,让我只觉前面云山雾罩,看不清方向。更考验人的是,这不再是单纯地经营单个项目,而是要学习站在全局,对整个系统部的经营负责。何况,这还是一个带着历史尾巴和服务巨额亏损的项目群。

　　千头万绪难下手,那就从手头的小事开始一点一点捋吧。第一件事是承接系统部的经营周会。这还不简单?照搬以前的模板,更新下数据即可。然而第一次周会,原本定一个半小时,结果二十分钟我就读完了更新的数据,只剩下大写的尴尬。幸好大家自行开始讨论,硬撑到一个小时。我努力听同事们讨论的内容,尝试记录下来,但根本跟不上节奏。会后,我不禁扪心自问:财务人员作为"行走的数据库",能做的只是简单的罗列和展示数据吗?

　　我开始细细分析历史数据,逐步弄清表格背后每一个数字的源头。但是在纷杂的数据中,我还是陷入了迷茫,亏在哪里?如何帮助项目组改善经营?带着疑惑和挫败,我去请教代表处 CFO,他说:"多和业务聊一聊,多深入实践,找到目标和主线。"

　　我利用一切机会与项目经理了解项目的历史和现状,拉着系统部部长听他聊系统部的规划以指引我的工作方向。其他同事也乐于分享业务知识,有一次,我搞不懂交付方案,向交付 VP(副总裁)请教,他用了几个小时的时间,画了整整一个黑板,一步一步讲解,直到我完全明白为止。实战中"滚一身泥"是更快更见效的方法,我见缝插针,随项目成员下站点,参加硬装实践,深入了解公司产品和交付业务。慢慢地，呈现在我眼中的，不再是一个个简单冰冷的数字，而是需要通过业务达成的一个个具体的目标。

然而，了解数据背后的逻辑，看清项目现状只是第一步，PFC更应该是给出解决方案的医生。随着交付压力最大的9月的到来，在系统部部长和项目PD（项目组长）的支持下，我拉着系统部的所有核心人员，一起闭关，审视重点工作，从下午5点一直对标到第二天凌晨3点半，抽丝剥茧，匹配KPI（关键性能指标）目标，最终制定出全年后续四个月的详细作战计划，用细致任务令的确定性来改善项目中诸多的不确定性，协助提升管理效果。

此后的一个月，团队每天都提前一小时上班，梳理和更新计划进展，风雨无阻。我也朝着代表处对于PFC的期望而努力着，了解了项目交付全流程中的每个环节，懂得了什么是真正的业务，不仅仅做一个"账房先生"，更多地承担起管家的职责，再不是一个只知提取数据的"小白"了。

全预算中"升级打怪"

10月，在接手系统部三个月后，公司的全预算启动，涉及经营预算、战略专项、现金流预算、重大风险及关键预算假设等多项内容。都说"不经历全预算，就不是真正的PFC"，我感觉又到打开新世界大门的时候了。之前我只接触过单个项目的损益预算，第一次负责系统部四个A、B、C级项目的全预算工作，难免心生忐忑又手忙脚乱。

CFO布置"作业"："三天后交初稿。"整整两天，越深入越混乱，我连收入的账都没整明白，第三天勉强写完，满是心虚交了差。CFO的表情了然，说在他的意料之中。整整三周，从收入预估到成

财经团队全预算刷新（中为本文作者）

本计算，再到资金占用，CFO 逐一进行了梳理，我和其他 PFC 像是回到了高中课堂，每晚集中在一起，跟进当天的进展，相互辅导，一起学习核算规则到深夜，一起边吃夜宵（泡面）边相互答疑。就这样，在实践中我跌跌撞撞地学会了如何做预算。

  我也知道，会做和做好是两个阶段，也是两种心态。在做预算时，我们就在思考，项目交付就像攀岩，不思考攀登至顶的路径，就无法正确地踏出每一步。亏损项目的经营管理更是如此，如同在刀尖上跳舞，要更加谨慎。相比于往年只针对下一年做完整的预期，我们向前迈了一步，连续三周时间，我和其他财经人员一道，不停进行头脑风暴，碰撞项目一年甚至三至五年的未来，最终给出了未来几年整个项目交付策略的建议，探讨如何能够在最优的经营假设下满足客户诉求。

原本让代表处最伤脑筋的评审，最终得到了代表这样的评价："今年的全预算，是将 N 的未来经营思路讲得最透彻的一次。"我绷紧了很久的神经终于放松下来，忍不住笑开了花。

前三个月的工作大多是在摸索中度过的，一场轰轰烈烈的全预算让人醍醐灌顶，我仿佛找到了中轴线。它教会我，项目财务不能只会算账，更应该算清账、算好账，要有前瞻性和拉通意识，结合客户需求，匹配资源，在最优的经营假设下，协助业务提升经营能力，创造利润，管控风险。

争分夺秒"抢"回款

11 月，一个艰巨的课题摆在了眼前——要在最短的时间内完成系统部首笔 500 万美元终验回款。

无数轮谈判，几十名客户的签字，我陪着项目组一步步获取系统部历史上首个终验证书，也一次又一次刷新了对于艰难的理解，更加明白终验证书的获取是何等珍贵。而回款作为项目交付的最后一个环节，系统部立下军令状，必须在年底前完成，为项目画上一个句号。

按照以往的回款记录，在一切顺利的情况下回款大约需要 45 天。这一次，来得及吗？

第一步："挤水分"。我提前拉着财经团队一起梳理回款流程，细化到每个环节、每个处理人和审批人，各需要多少时间。一遍又一遍推演，梳理出回款基线时间，过滤掉可控的时间风险，输出流程追踪表，将所有的目标回款纳入管理。每天再晚，团队都坚持一起审视目标达成和超时间基线的情况，挤掉了 10 天的"水分"。

第二步:"压面包",尝试优化流程节点。我拉着机关资金管理部的同事和回款经理开电话会议,商讨如何配合才能缩短内部的流程时间,如果在周四将申付文档递交给银行,会比周五递交节省3天的时间,比其他工作日节省一个周末的运输时间,于是坚定地向前压缩证书获取的目标时间;拉着本地客户经理分析每一个客户审批人的审批习惯,最常问的一句话就是:"还能再压缩吗?有风险吗?"最后成功将原本串行的流程,改为局部并行,省下4天的时间。但和大伙儿一番合计后,算来算去,流程上也只能再缩短7天。28天的回款时间成为新的基线。

还能再少一些吗？那就再试一试吧。11月24日下午,当客户经理从客户处取出合同终验文档,我们安排的司机早就等在门口,接过文档就往回赶;代表处开票专员拿到文档后立即开票,交叉检视后连夜发给机关;次日上午国内一上班,机关就向银行申付,我们远程追踪申付票据快递给开证行的进展,跟进尼泊尔银行的签收情况,尽快回传给客户;通过客户经理的努力,将原本串行审批的客户电子流变成局部并行处理……一环扣一环,大家上下联动,紧锣密鼓,最终在18天内完成了第一笔终验款回收,比我们预计的回款时间缩短了近一周,比历史基线缩短了一半多,将"面包"压成了"金砖"。

12月10日,系统部部长从客户那里取回了第一张付款函,递给我时,我忍不住"哇"地一声哭了,还被伙伴们偷拍了下来。大伙儿取笑我,为了这点钱就哭不值得,到了月底总回款达到1000万美元再哭一次吧。哭的那一刻,我如释重负,多日的付出和担心终于落了地,心底也隐隐藏着终于爬上一个山头的喜悦。

12月31日,当1000万美元回款目标真的达成时,我的心情反

尼泊尔财经团队和前来支撑的同事们聚餐时留影（前排左一为作者）

倒很平静。小伙伴起哄说："你怎么不哭啦？"那一刻，我心中只有一种感觉，爬过的高山，就不再是高山，只是看过的一抹风景；挺过的困难，就不再是困难，只是一段珍藏的经历和回忆。

愿有红尘可洒脱，愿有前程可奔赴

不知不觉，我在尼泊尔已经待了一年多，一路跌跌撞撞，一路学习成长，过得非常充实。尼泊尔的环境确实有点差，但我更愿意称之为"有趣的回忆"。很多事是我从未经历过的，比如，有时候晚

尼泊尔的费瓦湖

上在食堂吃着吃着，突然断电，一桌人也不惊慌，摸黑或借着手机的微光说说笑笑继续吃；物资匮乏尤其是地震后更甚，我经常绞尽脑汁托出差的同事带点零食什么的，也是一种乐趣；工作有时候也会很累，有一次和妈妈视频聊天，妈妈心疼地说："太累了就回来，家里又不是养不起你。"可对于我来说，选择了就是一份承诺，我还不想当一个逃兵。

工作之余我也爱上了爬山。这是一场磨炼，更是一场沉淀。登山就像是一条没有回头的路，一旦踏上征程，就必须自己坚持走完，有人会搀扶你、引导你，但是没有人能背着你走完全程。年轻能赋予我们的是活力和无惧，而我们需要修炼的是勇敢的心，面对困难和痛苦，绝不退缩。

多年后我肯定会无比怀念和感激，在这个断电和小震交错的国家度过的日子。诗酒趁年华，在尼泊尔的日子还很长，要学习的还很多，未来的路还很远，在磨炼中学会担当，在生活中提升、成长，青春大概就该这样过。

（文字编辑：肖晓峰）

部分网友回复——

姚永平：

曾经战斗过的地方，记得当时尼泊尔代表处只有区区四人常驻，没想到现在已经发展得这么好了，加油！！

匡雄伟：

肆意挥洒的青春，满满珍藏的回忆，喜马拉雅只是起点，我们的征途是星辰大海！

张敏涛：

优秀的北大姑娘，正是她的勇敢才有新世界。随着越来越多名校学子加入华为奋斗者的阵列，坚信华为的明天会越来越好，华为也必将培养一批全球化管理领袖。

一台"倔强"的推土机

作者：李 真

"李真啊，她就像一台推土机。"
"而且还是台'倔强'的推土机。"
我的前两任主管经常向别人这样介绍我。
"怎么说？"
"你看她，财经存货管理，很少有人做，她做起来了；财报内控，印度尼西亚代表处（以下简称"印尼代表处"）原来倒数第一，她一去，解决了超长期存货问题，人也火了；项目关闭，她去挖'土豆'，还写了一本书。她脾气倔，用在工作中，就是擅长跟那些大家头痛的历史问题'死磕'，可不就像一台推土机，不停地深挖、铲土，最终让南太平洋地区部的历史项目中的淤泥无处可藏。"

这段对话，是同事转告给我的。从未想过会被这样形容，简直是"女汉子"的升级版。再细细一想，挺有新意的，就像打游戏升级一样，每完成一个任务，装备在不断升级，战斗值也在加强，成长许是如此吧。

带着初级装备出茅庐

2012年9月，我加入华为运营资产管理部存货管理小组。当时小组仅成立四个月，抽调六个其他模块的财经资深专家组成，以实现全球存货资产可管理、可验证、账实相符。我是第七人，也是唯一一个应届新员工。经过一年的学习，新手算是积累了比较扎实的基本功，2013年9月，带着推行财经存货管理标准动作的任务，我出差印度尼西亚。这是我人生中第一次出国，没想到由此与印尼结下不解之缘。

作为全球存货问题最严重的代表处，印尼代表处中心仓盘亏三千多万美元，超长期存货七千多万美元。代表处虽然看到这些问题的存在，但存货管理意识较为薄弱，认为这是供应链和交付的职责，财经做不了什么，推行新的标准也因此层层受阻。幸运的是PFC（项目财务）主管比较开明，给我机会深入每个项目与PFC交流。一个多月的时间，我尝试适配出印尼个性化的标准动作指导，规范PFC如何将存货管理融入日常的项目经营管理中。

这是我的第一个初级"装备"，我满怀信心，想着完成推行任务指日可待了，于是向代表处CFO（首席财务官）请示签发运作。CFO质疑："这些标准动作有什么意义？""做了这些动作，印尼代表处存货问题就能解决了吗？"第一次单独向层级较高的领导汇报，我紧张得说话都在颤抖，还是鼓起勇气讲清楚了印尼关键项目的TOP存货问题，有哪些问题可以通过财经协助、参与业务一起推动解决，也说明了机关对印尼开展这项工作的重视和期望。CFO终于被说动，签字同意。拿着签字单走出办公室的那

本文作者

一刻，难掩喜悦的我忍了许久的眼泪夺眶而出。

感叹于一线如火如荼的"战斗"氛围，我萌生了外派印尼代表处的强烈愿望，可受限于人力预算与政策要求，一直未能成行。在经历了近一年的努力和等待后，终于等来2014年6月，作为"财经存货管理金种子"，我重又被派往南太平洋地区部，与印尼再续前缘。

升级成专家

迎接我的是T系统部的一个项目群，项目受公司管理层关注，是地区部TOP1、全球TOP3超长期存货项目，涉及金额近三千万美元，屡被通报。曾有供应链专家、账务专家等先后出差，介入协助处理该项目，或许是时间太短，均无果而终。项目组也因此对超长期存货清理失去信心，消极面对。

我是机关派到海外各区域的第三个"金种子"，前两个"金种子"均未"发芽"，皆转岗到回款岗位。我的处境也好不到哪里去，碰钉子成了家常便饭：业务信息无从获取，召集会议无人响应，加上一年多前的标准动作在当地执行不力，工作根本没法开展。虽然焦虑，但我坚信，只要战术正确，就没有攻不下的山头。我决定从PFC开始"迂回突破"，搬把椅子默默坐到PFC旁边的座位上，"偷听"PFC与项目组尤其是项目经理的日常工作沟通，以了解项目信息。

有一天，我听到项目经理问PFC："XX子项目不是早就关闭了吗，怎么还有存货类问题被通报了？"听者有心，我赶紧找出该项目的存货数据开始研究，为什么项目关闭了还有存货？存货原因是什么？这一查不要紧，被我发现账上还有近二十万美元的超长期存货。这不是一次打开"心门"的机会吗？我抑制住内心的激动，厚着脸皮逐个找供应链、站点工程师、合同经理，了解存货实物状态及站点交付情况，将获取的信息逐一记录、整理。

一个多星期下来，我终于搞清楚了这笔存货的来龙去脉，原来是有近千个站点在交付时因为挪货、窜货无记录，导致成本没有及时准确结转。我找项目经理详细阐明，项目经理眼神透出惊讶，将清理任务交给了我。之后，我协同共享中心和供应链很快便清理了这笔存货。这一仗，成为我融入项目组的"敲门砖"，他们开始半开玩笑地称我为"专家"。

随后，项目经理给了我一份几十万行的站点交付记录表，涉及两千多万美元超长期存货，是项目组最难啃的硬骨头，希冀我能协助挖掘出"新大陆"。顶着烈日跑仓库，下站点，大量数据核对，反复求证，半个月后，真相逐渐浮出水面——跨项目借货无法核销导致收入无法确认，跨合同站点挪货无记录，困难站点已发货但无法安装，货物去向不明……问题原因总算找到了，可下一步，如何清理呢？

问题的解决涉及区域财经、账务、合同管理、PMO（项目管理办公室）诸多部门，跨部门的沟通比预想中的更加艰难。我召集大伙儿开了多次会议，大家互不妥协，你一言我一语PK，就是没有结论。这样下去可不是办法，左思右想，我联合项目组写明问题场景，明确列示每个解决方案的优劣，从代表处到机关层层汇报，交由领导决策。

最终，历时一个季度，我组织了十几场大会小会，跟项目组一起，盯着几千单合同、几万个逻辑站点按照决策后的解决方案，一点一点推动执行，终于清理了将近两千万美元的超长期存货，也为项目组挖掘出了六千多万美元的收入。

而我，也从同事口中的玩笑"专家"变成了名副其实的"专家"。在少有人涉及的财经存货管理领域深耕，"金种子"终于得以在南太平洋地区部生根发芽……

一张图让我"火"了

在财经存货管理领域越深入，才发现，我肩上的责任越大，而装备也需要不断升级，方能迎战更大的"怪兽"。2015年，我又添了一个轻量级装备：一张图看懂账实一致的关键点。

年初，时任印尼代表处的CFO叶晓闻说，如果给印尼代表处起个英文名，估计是"Alexander"（压力山大）：2014年代表处财报内控只得了19分，排名全球靠后，被列为公司"内控长期改进不明显"的24个代表处之一。

借助财报内控的东风，我们在印尼成立了"清历史、挖土豆"项目组，我承接项目经理的职责，联合账务、业务、机关区域多个角色，将财报内控涉及的历史问题，如站点存货因各种挪货、窜货打包报价导致账实不符，收入成本确认不合规，异常超长期开票未回款等，进行挖掘清理。

4月初，时任南太平洋地区部CFO李华到印尼代表处出差，在听完财报内控问题最严重的H系统部汇报后，下了关键任务令：当月必须解决系统部N项目历史账实不符问题。诸多手工调账，导致供应链系统的存货记录与财务系统里的存货金额差了两千多万美元，直接影响地区部20%的站点账实相符一致率，是地区部TOP 1账实相符的问题项目。

2014年我们花了近半年的时间才清理完T系统部的超长期存货，

N项目一个月能完成吗？我心里直打鼓。退无可退，那就撸起袖子加油干吧。当天会后，我立即与账务同事深入交流，最终讨论出，通过内部合同变更将手工调账导致的虚增存量清零，解决N项目账差问题。有了解决思路，我连夜整理出方案的详细步骤，确定交付、财经、账务、售前等每一个责任界面的分工及待办事项。

方案的评审、决策，实际操作的沟通，涉及项目组、代表处、地区部及机关各个层面，因为项目本身金额大（三亿多美元），交付跨时长，很多记录找不到，而机关要求回溯所有项目，对于变更事项予以证据证明，于是就有了一线与机关之间的反复澄清。一个月下来，尽管不是在开会，就是在开会的路上，但问题总是越辩越明，在反复的PK中，31单问题合同，每完成一单，账差金额就下降几百万，直到最后全部清理。

而后，我与账务同事一起根据几个月来的处理经验，整理出"一

财报内控管理改进优秀团队（左六为作者）

张图看懂账实一致的关键点",涉及财经及时准确维护预算、售前规范报价、合同商务及时准确触发收入、供应链领料规范等五大关键角色五十多个关键动作。图片发布到公司内部平台后,没想到一下子就火了,不仅南太平洋地区各个代表处都知道了,全球都有同事来找我要这份材料,得到了大家的肯定。

"二真曲线"和一本书

许是因为之前和历史问题"死磕"的经历,2016 年我被调到地区部项目财务重装旅,负责瞄准并协助解决地区部 TOP 红点问题。在办公室待了不到一周,我就先后被派往马来西亚和菲律宾,协助支撑两个代表处的两个历史项目关闭任务。

在马来西亚 G 项目组待了三个月、解决了项目变更的问题后,8 月,领导抽调我支援菲律宾。原来菲律宾代表处不停呼唤地区部清淤。

作为一名"救火"队的小兵,我压力很大。

代表处的超长期存货和超一年开票收入差异均居南太平洋地区倒数第一,存货效率更是全球垫底。依过往的经验,这看起来应该不会很难,但难就难在,这一次我碰到了新的变革模式。印度尼西亚、马来西亚,更多是 IFS 变革的问题,不谦虚地说,在这方面我还是经验比较丰富的,而 2014 年"S3 变革"[交付上 ERP(企业资源计划)]率先在菲律宾试点上线,积累了大量 S3 问题,但我对 S3 还只是概念上的了解,以至于头一个星期,项目组给我讲困难,我连问题都听不懂,专业术语太多,无从下手,痛苦至极。

打了几个电话给我两任主管求助,他们说,如果实在撑不下去就回来吧,但又鼓励我不能总待在熟悉的领域里,相信我一定可以突破。也是，之前看上去那么难的存货问题我都能清理掉，这次一样可以！

此后我天天拉着S3方案的关键角色及"问题最痛"成员，坐在一起办公，白天找项目经理了解交付验收情况，晚上一起梳理问题和研究S3方案，几乎每晚11点之后离开办公室，深夜准备入睡时，满脑子还是各种数据和逻辑盘旋，根本无法入眠，有几次甚至睁眼到天亮，以致每次代表处CFO见到我，看到我如烟熏妆的黑眼圈，总是宽慰道："不要压力太大。"

第一个月，我的全部精力都"泡"在了影响存货问题TOP1的V项目上。我和项目财务一起研究项目的每一份合同，从订单下发到开票回款，从产品报价到销售、交付配置，从发货到站点验收，每个环节，每条信息流，无一疏漏。徜徉在数据的海洋里，顺着异常数据断点，抽丝剥茧，多次揪出项目组流程不规范问题，就解决方案也多次与关键角色吵得面红耳赤。神奇的是，在争吵中，大家不断加深了对S3方案的理解，也慢慢达成一致。解决方案执行后，我们也得到了令人欣慰的结果：V项目的超长期存货下降了40%，还贡献了1200万美元的设备收入，财报内控指标也从7月最差有了明显改善。

V项目的大问题基本解决了，但项目关闭的工作才真正开始。项目关闭是项目管理的最后一环，长期以来，大家的重心都放在项目的获取和规模交付上，项目关闭如孤岛般极易被忽视，站点交付状态信息失真、交付文档丢失等问题屡见不鲜，又因为长期无人跟踪处理，导致与客户对账十分困难，存货清理举步维艰。

菲律宾的问题项目便是如此。我们找客户验收开票，客户认为站点还没有交付完；客户曾告知我们取消部分站点，但合同变更迟迟未做；合同多次变更后，我们与客户的合同信息竟无法对齐……整整三个月，我们尽可能通过齐全的站点交付证据，找基层岗位客户验收开票；不断刷新数据信息，找齐合同变更依据，推动管理层与客户高层谈判历史项目打包关闭；与内部积极沟通流程，确保客户同意后，能够及时完成内部处理。

12月，我们终于拿回了项目关闭函，并按照既定的内部方案快速处理。年底，代表处各项财报内控指标显著提升，当月指标全年最佳。

为此，主管还发明了一个新词送给我："二真曲线／二真拐点"。"二真"是很多同事给我起的外号，因为平时性格较"二"，又单名一个"真"；曲线／拐点，主管说自打我去了菲律宾之后，内控指标从每月恶化有了突破性改变，ITO（存货周转率）同比下降了92天，超长期存货同比下降了一千两百多万美元，完成挑战目标；关闭了43个项目，超额完成目标；屡被通报的超一年开票收入差问题也几乎清理完毕。

许是因为印度尼西亚、马来西亚、菲律宾轮番作战的经历，回到地区部后，不少PFC就项目关闭的问题来找我，领导提议让我将项目关闭的经验总结写出来，也反思和改进项目关闭阶段的一些常见问题。目前，由我主笔的这本手册已经出炉了，作为进阶版装备，但愿它能为大家带来一些帮助。

2014年外派南太平洋地区时，我在朋友圈发了条消息：如果世上真有奇迹，那只是努力的另一个名字。回过头来看这几年的升级"打怪"，也算是这句话的一份佐证吧。一路走来，遇到了许多可亲可敬的好领导，收获了一大帮志同道合的兄弟姐妹，书写了一大摞有笑有泪的成长故事。回忆已成一本书，而我继续奔走在撰写的路上……

  愿时光奔腾,像一条大河;
  愿初心不改,逐梦而笃行;
  愿相逢如歌,情谊比酒浓。

(文字编辑:肖晓峰)

部分网友回复——

华为螺丝钉：

专门啃硬骨头的"二真"，硬是啃成了存货、内控的专家，敬佩，学习了，文字也不错，总结更及时，造福了很多还在路上徘徊的兄弟姐妹，大大地赞一个！

起名和快乐一样难：

在我们传统的印象里，90后女孩不能经历风雨，也扛不起大旗！但是李真确实是其中一个"异类"，秉承着谦虚学习、积极进取的精神，一句话形容：厉害了，word真！

g00196322：

真实感想，李真人长得虽然显瘦、显黑、头发长，但是见识不短，从2015年起一起并肩战斗，看她哭过，看她被调侃，从2015年的清历史、控新增，到2017年财报满意与变革融合，从只懂存货到LTC（线索到回款）整条流程拉通，从设备走到服务，每一步都非常坚实，推动力极强。给她点个赞！

信口此黄：

不管是什么业务，来自哪个体系，较真儿是一种本着对业务负责的态度。在研发做测试的时候，一位牛人说过这样一句话，所有我们漏测的问题都将会以网上问题的方式呈现。财务是业务的伙伴，业务需要像主人公这样尽责的伙伴。

小鼠：

专家就应该是这样干出来的，不坐而论道，而是潜下心来实实在在解决问题。

一颗芯片连万物

作者：曾　超

作为一名财务人员，我擅长让数字说话，但这次，我要让物品"开口说话"。

这是个艰难的过程，我们在磕磕绊绊中探索与成长。它们也从"呱呱坠地"到"牙牙学语"，一路蹒跚走来，终于"开口"与人"交流"。

"你在哪里？""空闲还是忙碌？"它们虽然只会几句简单的"问答"，但对于我们来说，却是资产管理上的一大飞越。

三年来，面对资产管理困境，我们用一颗芯片搭建起公司资产物联的大网，让万物有了"生命"。

人海战术管理方式走进死胡同

"名下挂的一件资产在公司内部找不到了，盘点时说要赔偿，居然要上千块。"

"完了，我名下挂着的资产快一百项了。有些借出去就没了去向！"

"以前在实验室，全部仪器仪表都挂在自己名下，算起来真的有好几千万资产，一堆人天天借来借去，资产盘点时找仪器找得发疯!"

2013年6月份,我从财经规划部调任CAPEX(资本支出)管理部,核心任务就是负责公司庞大数量资产的管理,我常常听到员工对资产管理的抱怨。

我非常理解员工的抱怨,公司八十多万件固定资产全部挂在员工名下,员工除了本职工作,平均每人还要管理三四件资产,但资产经常在员工与部门间"跑来跑去",员工很难看得住,找资产就跟大海捞针一样困难。

我们管理起来也相当棘手,每年的盘点工作就像一场漫长的马拉松长跑,即便盘点工作全员参与,耗时半年,我们也不能完全掌握资产安全和使用情况,每年资产丢失、盘亏等直接损失约三百万美元。

我意识到,这种依靠人海战术的传统管理方式效率低、成本高,

项目组成员合影

已经走进管理的死胡同。我们必须另辟蹊径，找到更有效的管理方法。

为此，我们与国内业界公司、顾问公司、华为海外研究所等进行了交流和讨论，发现大家普遍陷入管理迷茫，找不到非常有效的管理手段。"你们为什么不试试物联网？"一次跟黄朝文闲聊，谈起资产管理，他一句话点醒了我。那时，我刚好在看凯文·凯利的《新经济新规则》，其中对庞大数量物品的管理有两个经典阐述：网络即未来；单一功能的元件，以合适的方式连接起来，会产生奇妙的效果。这说的不也正是资产物联吗？

为此，我们特意成立了课题组。经过一段时间的研究，我们明确了物联思路。2013 年下半年，我们开启了资产物联之路。

波澜中建立资产物联大网

资产物联，简单说就是让物品"开口说话"，主动向我们上报位置、使用情况等信息。我们最初设想是在市场上采购成熟的物联网产品，直接应用。可是当我们看过几轮展会，搜尽市场上所有物联网产品时，却发现没有一款产品能够满足我们的需求。

对外搜索无果，对内却有了新发现！

一天，同事席杨兴冲冲跑回办公室，像发现了新大陆般向我们宣告：找到了物联产品的原型！该产品已应用于公司制造部，由 A 公司生产。

我们看到，它采用 RFID（射频识别）技术，通过在设备身上内置物联芯片，实现了"说话"。这颗芯片就像大脑一样，让设备能感知到自己的位置和使用情况并主动上报。没有生命的资产一下就有了生命的"脉动"，这不正是我们想要达到的物联效果吗？但它能达到我们商用的目的吗？

是骡子是马总要拉出来遛遛。我们立即拿了300个产品原型，在南京、上海和深圳三地实验室部署验证。三地验证结果来看，这款产品具备自动、实时和远程管理三大杀手级特性。

但该产品也存在一些硬伤：标签体积太大、使用场景有限、电池设计寿命太短、产品昂贵……

我们自然而然找到A公司，希望改进产品并降低价格，但A公司产品改进缓慢，成本也始终难以降下来，我们却没有谈判砝码。在陷入僵局时，我们深刻认识到，华为必须建立和掌控全面、统一的产品技术标准，才能在公平、开放的前提下引入更多合作伙伴，最终提升产品品质和降低采购成本。

这跟我们做衣服是一样的，如果只有一家裁缝店，布料、设计风格、裁缝标准都由裁缝店说了算，你爱做不做、爱穿不穿，那我们便失去了议价能力；但如果有多家裁缝店，布料我们自己带，衣服尺码、设计风格都由我们自己决定，我们不就可以货比三家、优中选优了吗？

我们本来是打算盘的账房先生，要我们制定"裁缝"的标准，谈何容易！但我们并未退缩，在研发人员邹果等同事和其他部门的同心协力下，工作一点点取得突破：标签体积太大，我们蹲在实验室，亲自拿着小刀制作泡沫模型，探索最佳外观设计；电池寿命太短，我们挑战极限，将电池寿命从一年半延长至五年……

"布料""设计风格"等标准就这么被我们死磕出来了，但"裁缝店"却迟迟不肯接单。有的说，你的"衣服标准"太高了，我们做不来；有的说，按你这个标准做出来的"衣服"，卖不了其他客户，不划算；有的说，谁知道你是不是来偷学技术，想自己开"裁缝店"？

经过多次澄清与对标,终于有三家"裁缝店"愿意一试。2014年下半年,产品终于交付,因为是按我们的技术标准和通信协议进行生产,产品立马有了质的飞越,性能提升了 1/2,体积下降 2/3,成本下降 3/4。

2014 年年底,我们开始对公司贵重资产安装物联芯片。设备能"开口说话"了,但我们还需要将他们上报的信息放在一个平台上进行管理和应用。于是我们建立了资产物联管理与应用平台。

目前物联网络已覆盖公司 18.6 万项固定资产,资产价值超过 140 亿元。资产物联管理方案日趋成熟,一张覆盖公司全球固定资产的大网基本成形。

找、借设备无须再"碰运气"

资产物联平台搭建起来后,资产位置、使用情况都由设备主动上报并呈现在平台上,员工可实现一键借用、一键共享和秒寻资产。

不久前,上海研究所无线产品线员工小刘接到任务,急需一台专用测试仪器做网络问题紧急定位,但他身边没有这台仪器,采购一台新仪器需要三个月以上时间,远水解不了近渴,他很是焦急。

"每个人去问,每个实验室去跑。设备在的话,就能借到;设备不在的话,只能白跑一趟。"习惯了借设备靠嘴的他没想到,这次,资产管理员将资产物联管理与应用平台推荐给他。

"像淘宝一样,一搜就能搜到想要的设备?"带着疑问,他打开平台发现,可以按照型号、描述模糊搜索,并且搜索到的设备位置由近及远、使用率由低到高排序。他一下子就找到了处于闲置状态的同款仪器,立即在平台提交了共享申请,顺利借到了仪器,成功定位问题。

借设备无须再碰运气了，找设备也只需动动手指头。休假月余归来，武汉一位同事发现，其名下价值 3000 美元的直流稳压电源不翼而飞！他焦急地找遍了办公楼每个角落，也没发现踪影；电子流上也没查到借用记录。

按规定，作为挂账人，他需赔偿仪器丢失费用。心灰意冷之际，他想到设备已植入芯片，可根据定位秒寻资产。他立即登入资产物联管理与应用平台，意外地发现，这个电源已"跑到"了另外一栋楼里。他依迹循踪，成功找回了电源。

员工享受到了切实的便利，而对于贵重资产较多的部门而言，资产物联的提升效果更为显著。引入物联方案以来，研发体系以及制造部门已实现 1000 多项资产共享，节省仪器采购费用 2.5 亿元。

"马拉松式"盘点，几分钟"跑完"

对于我们管理部门来说，此前历时数月的马拉松式资产盘点工作，现在也仅需数分钟就可完成，每年可减少资产盘点、巡检等资产管理工作 9000 人／天。

2013 年，我刚加入部门的时候，刚好遇到一年一度的资产盘点工作启动，那时还没有物联管理方案，盘点起来相当头疼。

我们需要一层层发起盘点通知，一遍遍讲解盘点政策和规则，催促员工完成盘点。但各级员工有的忙于手头工作，有的不在资产现场，有的需要花费大量时间去找资产，只能不断催大家尽快完成。没完成资产盘点的需要进行赔偿，在这样的压力下，盘点进展通常也非常缓慢，需要半年多时间才能完成。

2015年实施RFID盘点后，相比于此前声势浩大的全员参与，我们只需一个人，不跑腿，不催促，只要动动手指头，在系统中导入一列需要盘点的资产编号信息，系统即能在数分钟时间内完成20万件资产盘点。效率有了"火箭式"提升！

根据2016年实际盘点数据，由于我们采用了这种IT化的盘点方式，减少了53%的人工盘点工作量。由于系统能够提供最近扫描时间和资产位置信息，针对系统盘点不到的资产，我们再组织员工进行人工盘点时，也能够缩小资产查找范围，提升盘点效率。

除了节省人力、时间，采用资产物联盘点还有另外一个好处，那就是能提升盘点质量。此前采用人工盘点时，我们对盘点质量没

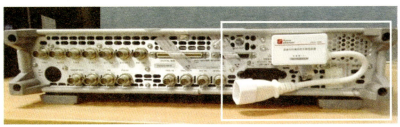

远端读写器挂在房间中央顶部，实时自动读取安装在仪器上的RFID无线射频标签数据，实现资产信息化管理

一颗芯片连万物

法把握，员工将资产信息上报了，说资产还在，可资产实际已经不见了，我们也无从得知。

为了改变这种局面，我们也曾想出一些办法。2014年后，我们推出"精品盘点"工程，要求员工在实施贵重资产盘点时，提供盘点实物照片作为证据。由此，盘点程序增加了员工借用相机、完成拍照申请、照片导出和上传等工作步骤，效率大打折扣。而现在，我们所有的盘点结果，都是基于IT实时数据说话，出具盘点结论更有底气了！

但这不是结束，只是开始。目前，我们仅仅能做到集中在热点区域的一半数量的固定资产联网，另一半广泛分布的固定资产仍需要手工作坊式的管理，要想实现公司全球资产物联的设想，还得突破网络这一关。

"蹭网"，突破资产全球"漫游"

网络是资产物联的基础，没有网络，设备装再多芯片，也如一部没有基站信号覆盖的手机。公司固定资产遍布170多个国家和地区，目前物联网络使用的是独立网络，用这种方式实现全球覆盖的话，需要再建设一张大网，不管是建设还是维护，都是非常大的工作量和成本投入。

一次在考虑如何实现网络全球覆盖时，我们发现公司WiFi覆盖已经部署了六万个以上的接入点，员工出差到全球各个办公场所，都能实现WiFi网络的自动接入，非常方便。那我们为何不"蹭网"呢？

我们开始考虑借助WiFi设备为RFID提供数据通道的方案，实现有WiFi的地方就有RFID覆盖。目前，公司相关产品已经上市，并顺手一举将资产物联接入点设备成本降低80%。

鉴于此，未来一两年，我们计划在全球范围内推广使用该方案，实现有WiFi的地方就有资产物联。这样，公司在未来所有资产的经常性变动就能尽在掌控之中了。

去年4月份，我出差到西班牙。西班牙是Telefonica（西班牙电信集团）系统部总部，下面有巴西、墨西哥等子网。西班牙一位资产管理员跟我说，总部的人经常去子网，资产也经常被携带到总部与子网间流转，一个资产账面显示是在西班牙，但是可能随着挂账人已经出差去了巴西、墨西哥或其他地方，设备虽然安装了"芯片"，但部分区域的物联网络还未实现覆盖，怎样才能实时确定这些资产的位置及使用情况呢？

"等我们采用融入WiFi网络的物联方案后，就可以实现。"我告诉他，到时，设备去到任何办公地点都可以"看到"。

就像我们的手机，进到全球任何一个华为办公区域，都能接入公司WiFi上网。未来，我们的资产也一样，只要进入全球任何一个办公场所，就能接入网络，自报家门了。

（文字编辑：刘　军）

部分网友回复——

m00317691：
这个解决方案我们已经开始在推广和应用了，对于集中在实验室内的U位管理，如果能定位并上报机柜中的U位置，自动更新和维护位置信息，那就更好了！

口丁乐：
从业务角度和痛点倒逼的解决方案，非常好，也给自己后续的工作提供了很好的借鉴。

打个A打个D：
1. 公司内部的供应链货物盘点是否也可以应用？一般供应链中心仓盘点都要封仓库三天，又慢又没效率，用这个方案是否可以在一个小时内搞定？
2. 是否可以作为一种站点物料盘点的解决方案运用在运营商界面？

玉笛暗飞声：
IOT（物联网）在公司内部使用开了，应了"狗粮自己先吃"的要求！

l00382729：
实践出真知，赞！今后我司发展云服务，RFID大有用武之地，业界的公有云巨头动辄管理百万级的服务器，用人力管理是不可能的，全要依靠自动化。在大型数据中心中，怎样进行自动部署，新老资产的无缝对接，交替时保证服务不中断，退役资产如何报废，残值处理等，都是对云服务运营资产管理的挑战。

老特拉福德的梅西：
作为十年前做RFID的老家伙，看到RFID技术在固定资产管理这个场景得到这么好的应用,真是开心。主动式标签的电池寿命能做到两年,全向式标签天线的防干扰能做到这么好,很了不起。标签的尺寸和成本,阅读器的性能的优化也非常牛。

ABCDEFGH:

安装 RFID 标签后,资产管理工作的效率的确提升了不少,只是 RFID 标签的电源使用寿命有待改进,很多 RFID 标签使用两年不到就出现低电压告警,就算按正常寿命使用五年就得更换一次,也是个不小的工程,如果 RFID 标签能改进到使用寿命在十年以上或是不受电源使用时长的限制,那就更完美了。一起努力,希望越来越好。

从"雷达"到"第三只眼"

作者：白 熠

"我们越快速发展，风险越大。我们自身运行风险也极大。我们所处的170多个国家与地区中，总会有战争、疾病、货币等风险。……不因风险我们就不前进了，也不因前进而不顾风险。"

时至今日，当我回望过去四年华为FRCC（财务风险控制中心）的建设历程，公司总裁任正非在伦敦与我们座谈时的讲话仍言犹在耳。财务需要稳健，而业务要勇往直前。财经人如何帮助公司在全球范围内开展稳健、真实、低风险的财经活动？如何做到内外合规、多打粮食、保驾护航赢未来？

风险无处不在

2012年金秋9月，任总与时任英国首相卡梅伦在伦敦会晤时宣布，未来五年，华为在英国的投资和采购额将达到等值13亿英镑，为英国增加700个新的就业岗位，推进双方公开自由的贸易。华为在伦敦建立FRCC源自此次会面。

然而，公司对财务风险的高度警觉要追溯到2008年的那场全球金融风暴。仍记得2007年下半年，公司强调要加强业务与财经融合，把财务做成既懂业务又懂财经的"钢筋混凝土"。当时，我在企业发展部,刚完成华为与赛门铁克建立合资公司项目的谈判还不到一个月,便接到公司通知,调入财经体系管理销售融资与资金管理部。随后便亲历了令人终生难忘的一课:2008年席卷全球的血雨腥风的金融危机。

那几年电信行业迅猛发展,电信牌照在各国的拍卖估值都很高,运营商及投资方都希望利用金融杠杆以小投入撬动大资本。运营商一方面对采购及融资的需求异常旺盛,另一方面对设备款付款及现金流出却异常谨慎,商务条款也很苛刻。这导致华为在业务高速扩张的同时积累了大量财务风险。

首先是现金流的不均衡问题。现金流是一个公司的血液和生命线,当时华为还未如此重视现金流指标。那些年公司的净现金流在前11个月基本都为负数,最后一个月甚至最后十几天的回款,都是一根大阳线暴力拉升,颇为壮观。年底那几天,各个地区部历尽辛苦,搬回来的大把真金白银能让人梦中笑醒,但这种惊喜蕴含了巨大的流动性风险,2007年和2008年的年底公司经营性现金流历史上出现了预警。

其次是高负债率问题。那些年公司业务高速扩张,而运营资产周期长,需要从银行获取融资和流动性周转,较高的资产负债率(近70%)是公司的一大隐忧。当时的负债以对银行及供应商的刚性负债居多,而现在公司现金流强劲,相当比例的负债都是奖金计提。

当时一线聚焦利润,而对运营资产现金流管理偏弱。利润是面子,现金流是里子,我们的应收账款周期高达140天,资金周转较慢,必须大量借款弥补运营资金临时缺口。记得有一次时任CFO(首席财务官)梁华从印度R公司讨债回来(R公司是一个让回款周期曾达到一千多天的"著名"客户),决心下力气加强运营资产管理力度。

我们不由感叹，有时财务的尊严是建立在悲剧之上的。随着公司上下全面加强了运营资产管理，使 DSO（应收账款周转天数）下降到 80 天以下；签约条款及币种的管理也日趋完善（流通货币签约超过 85%），并在 IFS 项目的助力之下越来越规范与成熟。

另外，任总当年常常提到"公司汇兑损失 10 亿美元"的外汇管理问题。外汇交易向来刺激，远溯巴林银行的倒闭、新加坡中航油 5.5 亿美元套保损失进入破产保护，近至法兴银行 70 亿美元损失的套保、摩根大通 20 亿美元损失的对冲交易，都说明金融及外汇市场具有多变、存在巨大风险的特点。当年公司对于客户签约货币没有严格的管理及规划，积累了大量的所在国的本币合同，但公司外汇远期的管理能力还未建立起来。令人记忆犹新的是，2008 年这场全球性金融危机爆发后，新兴市场及非美元流通货币兑换美元都大跌，2008 年公司报表汇兑亏损 8.3 亿美元。任总因此常批评并提醒我们要借鉴业界的经验教训，也要求将士们多打粮食，打好粮食。如今在大家的努力下，公司收入规模已数倍增长，其间金融危机此起彼伏，但外汇损益的报表波动则显著降低。

走向海外

随着海外扩张越来越迅猛，公司急需扩大海外融资。公司的融资在 2007 年前 90% 来自国内，经过四年的规划运作，到 2011 年底已彻底反转为 80% 以上来自国际金融市场，这不仅享受了低成本及汇率收益，而且匹配了公司的资金流动性的结构性需求，更是融入国际资本市场，从而不受制于单一经济体的经济波动所带来的金融风险冲击。

在管理资金部时经历的许多历史时刻还都历历在目：公司持有的现金第一次超过200亿美元；第一次操作10亿美元国际银团融资；第一次发行海外私募债券；第一次发行海外公开市场债券；第一次建立国际多币种资金池；第一次外汇交易超过百亿美元；规模操作外汇远期；规模开展汇困创新业务……目前公司组合管理130余种货币，达上万亿美元的结算量，资金在全球170多个国家和地区运转与循环，让人真正理解了什么叫"金钱永不眠"。这一个个突破是在金融危机的跌宕起伏中练就的，在风险中成长起来的。

正是因为越来越大的资金资产规模，越来越复杂的资金操作，让公司不得不考量如何更加安全地全球运营，从防范风险和金融危机的角度决策，进行资金全球化布局，在战略资源的聚集地建立国际资金中心。

欧洲是华为重要的市场，更是国际金融机构的重要所在地。为了筹备国际资金中心，2012年我和韦国带队考察了英国、爱尔兰、卢森堡、荷兰等国。荷兰拥有包括荷兰银行、ING（荷兰国际集团）等多家知名银行和金融机构，也聚集了大量跨国公司，税收条件适宜；相对国际金融中心伦敦，成本低且距离近。公司最终决策将

荷兰国际资金中心的大个子（左一为作者）

国际资金中心放在荷兰阿姆斯特丹，一开始覆盖西欧、东北欧、中亚、俄罗斯四个地区部，并逐步扩展到整个 EMEA（欧洲、中东及非洲）区域。另一个资金中心设在香港，对接香港大量国际金融机构、资金的集中处理及亚太资金业务。

剑指伦敦

2012 年任总与卡梅伦的会面，最终促成了华为在英国布局建立 FRCC。随后公司指派我来筹建，当时我和大家开玩笑说，让我筹建估计是源于我在资金管理部时拓展出不少金融"风险"业务与产品吧，所谓以己之盾挡己之矛。其实，当时我还有许多金融创新想法被公司给"拍死"了，但这更能让我从中深刻理解公司"利出一孔"的坚强定力和对非主营业务风险与利益的坚决克制。公司在风险管理的重要理念就是聚焦，聚焦客户，聚焦主航道。

在建立 FRCC 之初我们面临很多疑问，华为不是金融机构，为什么要建财务风险控制中心？这个中心如何有效管控财经业务及经营，怎么管控？会为公司带来什么价值？

我们向各大银行取经，与全球知名企业深入交流，同四大会计师事务所探讨，想搞清楚 FRCC 应该扮演的角色与承担的职责。经过数月的研讨，我们的思路越来越清晰。从银行的角度讲，从 2008 年全球金融危机至今，区域性金融危机此起彼伏（延绵不断的欧债危机、新兴市场货币大跌、俄罗斯国家风险、石油国家危机等），银行对资金的风险防范与控制力度一直在加强。就企业自身而言，华为的业务增速非比寻常且复杂，覆盖 170 多个国家与地区，管理的货币超过 145 个币种，鲜有银行能比，可以算是"万花筒"。但高速

本文作者

增长的外表下掩藏了大量风险，在人力、物力具备的条件下，把钱花在风控的"刀刃"上，以达到高增长与可控风险的平衡，应对未来的不确定性，是稳健长远之策。

　　FRCC关注的是按正确的流程做出正确的决策，关注业务决策的正确性，这是对财经业务水平的挑战与促进。2008年次贷危机，评级机构按流程打包对房屋资产进行评级，各家金融机构按流程进行了资产的证券化及开展投资和买卖业务，但评级结果是错的，贪婪又使许多银行过度持有相关资产而爆仓，所以需要流程与决策的双双正确，才能使风险可控。很重要的一点是通过建设与提升财务风险监控的高端能力，审视公司重大的政策、规则、业务本身，对系统性风险进行提前防范和预警，化解风险于萌芽，在黑天鹅满天飞的时代提前做好应对，发表独立意见，挑战业务Owner（拥有者），督促业务提升，通过流程遵从和业务实质的正确，共同支撑集团财经稳健、低风险运营。

业务驱动，扎根伦敦

伦敦金融城，这一环绕英格兰央行的方寸之地，是全球性的金融中心之一。世界第一个央行——英格兰央行，这个英伦"针线街的老管家婆"三百年的历史记录了金融行业的风风雨雨：1992年索罗斯狙击英镑，血洗英格兰央行，惊心动魄；2008年金融危机中英格兰央行发挥了中流砥柱与力挽狂澜的作用。金融城也在这一次次金融风暴中成长壮大。

现在这里是全球最大的外汇及衍生品交易、债券交易、跨国贷款交易市场，有超过六百多家金融机构在这里设立机构，包括汇丰、渣打、苏格兰皇家银行、德意志银行等知名银行的总部及区域中心，还有普华永道、安永等会计师事务所总部，以及世界著名律师事务所的总部、IASB（国际会计准则理事会）总部等。这里拥有健全公正的法律体系及监管平台，丰富的金融及高端财经专家资源，及开放包容的文化环境，能满足华为财经卓越运营的需求，是华为建立FRCC的理想地点。我们要把战略的能力中心，放到战略资源的聚集地去。

2013年初我们开始在伦敦招兵买马。令人印象深刻的是，首先是这里的专家专业性强，稳定性高，薪酬水平很有竞争力。伦敦作为一个老牌国际金融中心，人才积淀深厚，长期经济发展温和，金融从业人员近百万。其次伦敦是许多金融机构的总部或区域总部，许多区域决策的疑难复杂项目都会提交至伦敦决策，这也促进了人才能力的普遍快速成长。

专家们的加入切切实实为业务创造了价值。如Luis是个西班牙银行家，原在西班牙一家银行负责交易对手风险，他在雷曼兄弟公司倒闭前三个月就嗅到了次贷危机,及时向其银行预警雷曼兄弟公司债券交易的高风险,推动银行将所持大量雷曼房屋抵押次级债券全部抛售,为银行避免了重大损失。Luis 加入 FRCC 后,我们请他引入了银行针对金融市场的相关预警模型,通过资本的嗅觉以金融预警提前预判他国发生经济危机的风险,货币大幅波动的可能性,交易对手银行风险,及客户信用风险。

时间就是金钱,风控行动早一步晚一步结果可能天壤之别,信息的及时获取及处理至关重要。与各大银行集团风险部门积极的沟通合作,顶层渠道的良性互动,也有助于我们及时获取国家主权风险相关信息,争取了更多的时间窗。

FRCC 的初建时期,我们也交过学费。一次令我深感遗憾的经历是在 2013 年初,处在欧债危机中的地中海 S 国财务状况令人担忧,在初创阶段的 FRCC 发现了这一危机并给出了预警,但当时缺乏处理此类危机的经验,行动有所迟疑,在完成内部讨论决定开始行动时,S 国政府突然宣布施救计划,冻结资本限制流出,银行储户变成银行股东,华为由此遭受了损失,涉及 60 万美元。但在之后的希腊债务危机、乌克兰危机、俄罗斯卢布大贬值等事件中,FRCC 和代表处、机关各部门密切合作,快速行动,避免了损失。

后来 2013 年底 U 国爆发危机。在爆发危机之前,金融市场已经有所异动,我们通过与银行的合作获得了大量的信息,并与银行同步采取行动,代表处也积极行动,一起保全资金、资产。这个事情还有一个后续,在 U 国爆发危机时,我们同时注意到它的邻国 R 国未来也可能爆发类似的危机,遂对该国做了提前预警。没过多久,R 国货币大幅贬值,很多在 R 国投资的企业因为是本币签约,一下子损失巨大。我们因为预警到风险,并采取了相应措施,管理住了风险。

伦敦金融城新办公室内的聚餐（前排左二为作者）

2013年底，华为第三届ICT（信息和通信技术）金融论坛在伦敦举行。集团CFO孟晚舟向外界宣布：华为在伦敦成立FRCC，负责管理核心财经业务的风险，包括会计处理、流动性管理、外汇风险管理、信用管理、全球财务遵从等，成为华为财经风险的评估和控制中心，助力华为在全球范围内展开一致性、低风险财经活动，确保华为持续地为客户提供优质服务。随后FRCC正式成立，下设资金、账务和税务风险监控三个模块。FRCC不替代资金、账务、税务流程Owner的风险监控职责，也不介入具体流程中进行业务审核或审批，而是对流程中涉及的重大政策与方案进行审视与评估，供CFO及流程Owner参考。

不断试错，摸索创新，多业务融合

经过长期积淀，资金风险的监控我们已了然于胸，然而税务、账务的风控该如何执行却是新的课题。我们只能不断摸索，不断试错，多点尝试，反复演练，去寻找一条合适的路。

不同的国家有不同的税务政策，FRCC的税务模块要做的是，根据各国的税务遵从法律法规，识别和量化税务风险，并评估风险级别的高低，挑战现行税务管理，提供决策建议。2014年三季度，曾担任沃达丰英国税务主管的Richard加入华为，带领团队建立了税务风险地图，根据各国的税务遵从法律法规，识别和量化税务风险，评估风险级别的高低，对于现行税务管理进行挑战，提供决策建议。

从2013年初到现在，来自各大银行、四大会计师事务所以及其他跨国公司的专家不断加入，FRCC的队伍稳定在30多人，力争打造精兵强将。而由于伦敦巨大的人才储备，税务管理部也将全球税

英国高校财务大赛赛后合影

务规划、转移定价等全球行管职能及直接税、间接税等部分全球管理职能移至伦敦；账务的会计政策中心也落户伦敦；资金向来视伦敦金融中心为首选，外汇管理、资产管理、国际资金中心皆将全球管理职能扎根于此。预计到 2017 年底，伦敦全球金融中心人数将达到近 300 人［税务 COE（能力中心）会达到 130 人，资金 COE 达到 70 人，还包括账务、销售融资等］。济济人才相信会大幅提升华为在相应领域的管理水平。

FRCC 也输送了专家和骨干来充实业务，包括在巴克莱银行工作十年的会计政策主管 Ben，这个幽默睿智的大专家在谈笑中化解了许多金融类会计政策疑虑。在惠普工作多年、乐观开朗的收入核算专家 David，还有前面提到的 Luis，也输送到资金做主动性风险管理等工作中。

财经的"蓝军"，关注风险的"第三只眼"

经过三年的运作，集团财经各部门在 FRCC 的大平台上逐渐建立了自己的能力中心，自身的风控能力也在提升。2015 年，集团财经要求 FRCC 转身为财务的"蓝军"组织，建立与 COE 组织平行及协同的风险管理能力，从曾经的"雷达"变成关注风险的"第三只眼"，即通过对财经业务的独立审视与挑战，向业务部门和集团 CFO 及管理层提出警示，正向推动财务风险的识别及防范能力。FRCC 蓝军最大的优势是独立。

这其实是一场艰难的博弈。如何识别、预判、降低、化解和转移风险是我们的职责，做扁鹊的大哥防患于未然、化问题于无形是我们的追求。曾在德勤工作 23 年的合伙人 Peter，目前负责伦敦

香港银团金融机构成员合影

FRCC的专业输出，他谈到我们的最高境界就是要把FRCC做到无形，这就说明公司的财经业务能力发展到了无可挑剔的程度，做到了业界最佳。

继伦敦FRCC建立之后，按公司要求，我们刚刚又在纽约建立了宏观经济风险分析中心，把握世界经济脉搏，做公司在宏观经济方面的"仪表盘"；在东京建立项目财务风险控制中心，学习日本企业精益求精的敬业精神，做公司在项目经营上的"油门"。

我们一直在路上，虽然路还很长。我们在摸索、试错与磕绊中成长，希望构建一个"铁布衫"，上到宏观，细到项目，能够替公司把控好财务风险关，为公司的明天更好地保驾护航。

（文字编辑：肖晓峰）

部分网友回复——

大鹏鹏：

防范风险，不让辛苦打的粮食因非业务原因损失掉。

带你去看风景：

业务要往前冲，财务却是要稳健，让经营风险可控，换句话说，业务和财务之间其实存在冲突和博弈，如何在二者之间找到一种平衡，做懂业务懂财务的"钢筋混凝土"，还真是没那么简单啊。

SarahSh：

金融市场上的血雨腥风，其惨烈程度一点不亚于真正的战场，尤其我们遍布世界的资产，面临各种监管和突变。业务在摸索，时代在进步，资金管理和风险管理也是在跌跌撞撞中前进。

总是想回家：

风险的控制固然是重要的，但公司的经营本来就是收益和风险的平衡，极端一点，没有业务了，也就没有风险了。客户都不愿意和我们做生意了，哪里来的现金流？市场是一个充分竞争的环境，客户会选择对他最有利的供应商，如果友商都同意超长的赎期，而我司却不同意，那么等待我们的必然是淘汰出局，这就是市场铁的法则。我们的风险控制要基于市场的大环境、竞争情况来定。

"拧"出十亿美元

作者：吴小慧

2012年，全球经济不景气，客户在通信领域的投资意愿不强，造成运营商BG（事业部）收入增长乏力。企业BG成立不久，渠道激活率和NA（价值客户）突破率不高，且早期投入过快，亏损严重。消费者BG刚刚确立自有品牌向高端智能机进军的战略，尚处于投入期。

也是在2012年，公司开年连续五个月亏损，年度收入和净利润目标岌岌可危。集团财经费用管理部，作为"费用大管家"，在BG以及区域一线等业务组织的支持下，通过一套"拧毛巾三招四式"的组合拳，公司上下齐心协力，共同"拧"出了十亿美元费用，既保住了利润的驾，也护住了战略的航。

费用预算胶着不前，"拧毛巾"势在必行

2012年1月6日，我突然接到主管电话，说是公司的收入增长上不去，但各项成本费用又降不下来，费用预算工作胶着不前，拖了集团整体预算的后腿。大家焦头烂额，希望调我去集团成本与费用管理部。

那时，我刚被安排去IT产品线任CFO（首席财务官）。任命流

程已走了一半，对于这样的临危受命，我不无担忧。

以往公司保持了高速增长，成本费用管控较松，尚未出现过砍费用预算的情况，现在要主动"拧毛巾"，降费用，必然阻碍重重。老实说，一开始我是想拒绝的。"你也不要有压力，我们一起去搞定这个事情！"领导这么说。我在财经领域工作多年，做过成本核算、产品线CFO，参与过IFS（集成财经服务）变革，但还没做过集团费用管理的工作。领导这么鼓励我，我决定去试试。

我到任后发现，情况果然不容乐观。

成本费用包括雇员费用、业务性费用、差旅费用、行政费用等支出，与员工均息息相关。2009年至2011年连续三年公司进人很多，导致刚性费用暴增，2012年费用预算增长接近30%，而当年的收入预算增长仅21%，集团利润预算不乐观。花钱的速度已经大大超过了赚钱的速度，费用预算工作进行不下去，"拧毛巾"势在必行。

我们打开各部门的费用预算细看发现，在众多部门中，集团职能平台部门预算增长尤其快，达到45%。公司认为，集团平台应是支撑服务的平台，"人权、财权"配置不能太重，要做"薄"平台，将权力下沉，加大对一线授权。因此，我们首先"拧"的就是职能平台的水分。

"拧出水分"，意味着各部门要紧巴巴地过日子，没有哪个部门愿意主动把"毛巾"递过来。我们分头逐个给职能平台部门打电话沟通。沟通并不顺利，因为每个部门都有一千个不能降的理由。直接的结果是，预算方案没有通过3月12日的EMT（经营管理团体）评审。

"硬砍"砍不下来，"强拧"拧不动，我们必须要找到一套好的方法、规则和机制，才有可能"拧"出来利润。

"拧毛巾"第一招：制定平台组织费用预算"高压线"

因为之前费用预算管理不成体系，我们当时并没有好的管理思路和模型。在集团财经 FST 会议（财经办公会议）上，财经领导帮我们打开了思路，建议我们去参照业界公司的费用管理方式，制定华为机关职能平台的费用预算基线和模型。

基线相当于费用预算管理的"高压线"，制定起来非常讲究：太紧了，平台组织自身能力建设跟不上，业务无法正常开展；太松了，利润支撑不了费用的增长。

针对不同部门的业务特点，我们对各平台制定了差异化的基线。比如，整个流程 IT 领域的费用投入占公司总收入的比重不能高于 X%。同时，对单个经营单元的平台组织来说，比如某地区部的流程 IT，其费用需要区域"买单"，而且还要受到地区部财务损益的约束，即费用增长不能快于收入或销售毛利增长。其他机关平台亦效此法，不过基线要求不一。

在基线约束的基础上，当时公司还提出了另外一条"高压线"：费用额零增长。于是，我们按照费用额同比不增长的原则要求，继续"拧"费用的"水分"。原本只是"瘦身"，现在直接不让"吃了"，各部门自然怨声载道，多少有些抵触。在 2012 年以及 2013 年的平台组织预算评审中，轮值 CEO（首席执行官）和集团 CFO 亲自挂帅，组织了两次专门针对机关平台的费用评审。

每个职能平台部门把自己的费用预算再次做了汇报。汇报现场火药味十足，面对费用额度不增长的要求，各个职能平台汇报人连争带辩，直接吵起来了。

大家一个个部门去抠，一项项费用展开去分析，通过两次评审，将集团平台费用预算砍掉了 6639 万美元。

在此基础上，我们逐步建立起对平台部门的费用预算思路和模型。《职能平台费用预算指引》《内部结算管理规定》等一系列文件由集团财经部正式签发，费用管理终于从不敢管、没法管，到逐步开始有人管、有方法管了，公司上下渐渐形成了成本费用意识。

"拧毛巾"第二招：弹性预算，"拧"转亏损局面

费用管理开始走上了正确的道路，各项花费也都在预算范围内开支，似乎一切都按部就班进行，但实际情况却并不乐观。

2012 年 6 月初，听完 1 月至 5 月经营情况后，公司高层领导问了一句："1 月至 5 月都是亏损，大家判断一下，咱们 6 月能不能盈利？"

会议室一片沉默，没有人敢说半年报可以不亏损，这是过去高速发展中的华为从未发生过的事情。过往 1 月至 2 月若亏损，只要 Q1 一冲刺，利润都能转正，还从来没出现过前五个月都不转正，而且 6 月冲刺大家都没有信心的情况。

开源不如预期，我们只能进一步节流，加大力度"拧毛巾"：弹性预算授予机制应运而生。

其实，弹性预算的方法和理论早已有之，但此前公司一直增长较快，都是向上弹，尚未出现过向下弹的情况，实际上并没有真正实施过弹性预算授予机制。

当年 3 月，我们在做二季度的预算授予时，已经开始考虑做弹性预算授予。根据集团 CFO 的建议，机关职能平台上半年费用只授予了全年的 40%；其他利润中心也要求跟收入挂钩，做弹性预算授予。

面对利润转正的压力，6月，公司对各大利润中心进一步收紧了弹性预算授予规则——根据收入、销售毛利完成率孰低原则来弹性授予费用预算，经营计划完不成，费用预算就要减少。举例来说，某地区部全年收入预测能完成95%，销售毛利预测只能完成90%，则按照90%来弹性授予其费用，砍掉其10%的费用预算。代表处、系统部及BG都是如此。

通过这种方式将资源配置和产出指标更紧密地挂钩起来，迫使各利润中心不仅追求收入达成，还要关注销售毛利。

制定该规则后，每个季度我们都要上财经委员会回溯，哪些单位超过了预算授予，安排其向财委会述职，严重者取消其主管费用权签人资格。同时，集团CFO也推动EMT发文，明确了超预算要停止进人、停止涨薪并按照一定比例从奖金中扣除的政策。

有了清晰的弹性预算授予规则，配套严格的闭环管理措施，费用管控立竿见影！当时经营情况比较差的一些区域和BG，在年中预测到收入和销售毛利不能达成全年预算的情况下，纷纷主动开始了费用清理和审视。

截止到2012年底，集团收入/销售毛利预算仅完成90%，费用预算也刚好控制在90%的水平，"拧"出了近十亿美元的费用预算节余，最终利润结果基本达成了集团预期要求，并且成功遏制住了过去几年费用率不断走高的势头。

"拧毛巾"第三招：管住权签人手中一支笔

随着费用弹性预算规则不断加强，我们还是发现了不少虚假报销、中饱私囊的现象。比如海外某伊斯兰国家，因饮食习惯原因，本地人是几乎不吃中餐的，但在多名员工的费用报销中却出现了中餐馆的费用，且单次报销金额超过了中餐馆的消费水平。经查，此类费用均为私费公报。

花钱过程要怎么监管，才能防止乱花钱和虚假报销？首先，应该通过刷新和制定差旅、外包合作等费用制度，让成本开支有章可循，防止虚假报销。比如，公司的差旅费用制度于 2007 年制定，已五年未刷新，其间随着高铁等新型交通工具的普及，旧的制度已不适应，所以 2012 年我们进行了制度的刷新和规范。

其次，在账务管理部和财经委员会办公室的帮助下，我们一起开始着手做虚假报销的梳理，主要针对交际应酬等费用，出台了交际应酬费的管理制度，发布了差旅费的基线。也是在那一年，公司 HRC（人力资源委员会）下属的纪律与监察分委会同意了财经部门的申请：将虚假费用报销纳入 BCG（商业行为准则）来管控，从而建立了费用真实性的闭环机制。

通过分析发现，权签人手中的一支笔至关重要，签不签，怎么签，是员工报销的第一道关卡。

然而，为求报销快，很多主管对费用审核不上心，各级主管不看单据，只是在电子流上一点就报销完了，造成虚假报销很多，各种因私个人消费、迎来送往等费用都用来报销。

对此，我们对费用权签人进行了梳理，把主管手中的笔管起来。

在梳理中，我们发现共有 104 人费用审核遵从性等级已经降为 C，其中我们还挖出了一个"大萝卜"。公司高层某领导，遵从等级分数才 42 分（满分 100 分），因在费用报销审核中未能认真履行对费用真实性、合理性的审核责任，对下属员工费用报销把关不严，公司发文停止其费用报销财务权签权力三年，对违规报销金额承担连带赔偿责任。

这个文件一发布，给所有权签人和主管上了一课，形成了强大的威慑力，让大家明白如何善用手中的权力，管理好费用报销。

在调研了大量一线业务后，我们发布了费用权签相关的一系列政策、制度和规则，使各责任中心在开展费用管理过程中有法可依、有据可查。

"拧毛巾"四式：差异化管理各类费用，平衡好短期收益和长期利益

"拧毛巾"三招是费用管理中如何"省钱"的普适性规则，而"拧毛巾"四式则重点强调如何"花钱"（资源配置）、对于不同类型的费用应该进行差异化管理，不因追求短期效益而竭泽而渔。

第一式：战略投入预算单列，专款专用，"再穷不能穷战略"

2012年开始，预研投入及公司级变革项目等投入越来越大。虽然当年经营确实存在困难，但是如果挤压这些战略投入，未来将会影响到公司长期可持续发展。

为了保证战略投入不受当期经营情况的影响，我们将战略投入预算与当期经营预算分离，按战略清单单列管理，专款专用，独立核算，集团空载，并定期回溯其投入节奏和强度，对于进展缓慢的部门单独晾晒，以保障战略落地。

第二式：客户界面与内部运营分开，"再省不能省客户"

在费用预算紧张的情况下，一些部门开始克扣客户界面的拓展和接待费用了，绞尽脑汁想省出一些费用。为体现以客户为中心，我们把费用分为客户界面和内部运营费用。内部运营费用要求大家

提升运营效率，"拧出水分"。客户界面费用，根据公司确定的基线和业务发展的实际需要合理配置，不片面追求费用率的改进。同时，为了防止将客户的钱挪到内部去用，当时我们把科目做了一些细分，哪些是客户界面的，怎么用，都有监控。

为形成效力，我们通过公司发文明确客户界面费用"节约不归己"的规则，即一线不能将"客户界面"的钱省下来放到内部运营，不能影响业务拓展和客户感知。这样一来，内部聚焦于提升效率，客户界面的花销也得到了保障。

第三式：人员费用与业务性费用分类管理，谨防"眉毛胡子一把抓"

记得公司领导说过，员工不是"韭菜"，丰年多种一点，歉年就全割了，干部的成长、人员能力的培养至少需要三到五年的周期。因此，我们在做费用预算生成和管控时，把雇员性费用和业务性费用区分开，人力费用与人力资源部充分沟通，尽量匹配中长期的人力资源规划和配置，而业务性费用则直接与当年的产出指标挂钩。

同时，我们将各类业务外包费用在科目设置中单列，显性化，建立与外包业务量或产出相挂钩的弹性管理机制。

第四式：责任中心与资源部门，互相PK，建立结算机制

责任中心要对经营结果负责，自然不希望背负太重的负担；而资源部门既要服务好业务部门又要发展能力，也不想抠抠搜搜过日子。当时各大体系纷纷抱怨流程IT做个项目既贵又慢，而流程IT部门也觉得自己"好受伤"，内部客户需求多变，真难伺候！

索性我们就建立一套公开透明的PK机制：双方签订"内部结

算协议",让责任中心拥有预算权,让资源部门根据明确的炮火需求去准备资源;通过"价格听证制度",让结算价格接受来自第三方或行管部门的评审,尽量保证客观、公允。

结语

2012年公司首次未完成年度收入目标,是十年来增长率最低的一年(同比增长率仅10%),销售毛利率同比也出现下降,销售毛利额仅完成年度预算的90%。

所幸公司很早意识到了问题和风险,及时采取了弹性预算授予等资源配置手段,各业务部门的费用管控措施也非常给力和到位,一起"拧"出了十亿美元费用,这些全都转化成了当年的净利润。同时,通过差异化管理各类费用,单列出战略投入和客户界面,也为后续年份的强劲增长打下了坚实的基础。

(文字编辑:刘 军)

部分网友回复——

挖坑的深井冰：

当经营形势不太好的时候，还真的需要大家共同努力"节流"，节省出的钱都是净利润。

石头稀饭：

一把双刃剑。拧毛巾短期、适度是可以的，但不能以损害业务长期发展为代价，最重要的还是开源，毛巾的水终究会有拧干的一天。

冯源：

居安思危，"攒"到十亿美金再拧，很多小公司早就破产了。很多动作不能搞运动，细水长流，可持续发展是正道。

一年一年：

机关人减不下来是不合理的，很多工作我认为是创造出来的，不但不增值，还阻碍了区域及其他组织的正常发展。某些变革花钱也是如流水，目标合理吗？流程适配吗？系统易用吗？功劳是在PPT上，还是在经营效果上？

珠海：

一，严控公司内部运营，无效差旅、无效市场活动、无效内部运作等浪费太严重；二，拧毛巾不能拧客户界面的钱。